让 我 们 甲骨文 oracode 一 起 追 寻

本书所收录照片由 Getty Images 惠允使用，部分照片来源如下：
扉页背面、8、39、44、66-67、198-199、209（Library of Congress）
10-11、100、230（Wikimedia Commons）
83（Bibliothèque Nationale de France）

致谢

作者感谢如下人士为本书出版提供的宝贵帮助：
Charlotte Araya Moreland、Alastair Bruce、Georgina Capel 和所有在 GCA 工作的人，
Phil Curme、Ned Donovan、John Ford、James Holland、Dr Dan Jackson、Eloise Jones、
Mads Madsen、Professor Jonathan Parry、Dr. Fern Riddell、Andy Robertshaw、Saad Salman、Robin Schäfer、
Dr Gajendra Singh、Simon Sobolewski、Dr Phil Weir，以及 Alex Winkworth。
特别感谢 Anthony Cheetham 与包括 Georgina Blackwell、Dan Groenewald、Clémence Jacquinet、Claire Kennedy、
Richard Milbank、Suzanne Sangster 和 Isambard Thomas 在内的 Head of Zeus 出版社团队。

时间的色彩

一部鲜活的世界史，1850—1960

THE COLOUR OF TIME

〔英〕丹 · 琼斯（Dan Jones）
〔巴西〕玛丽娜 · 阿马拉尔（Marina Amaral）著

陆大鹏　刘晓晖　译

A New History of the World 1850-1960

社会科学文献出版社
SOCIAL SCIENCES ACADEMIC PRESS (CHINA)

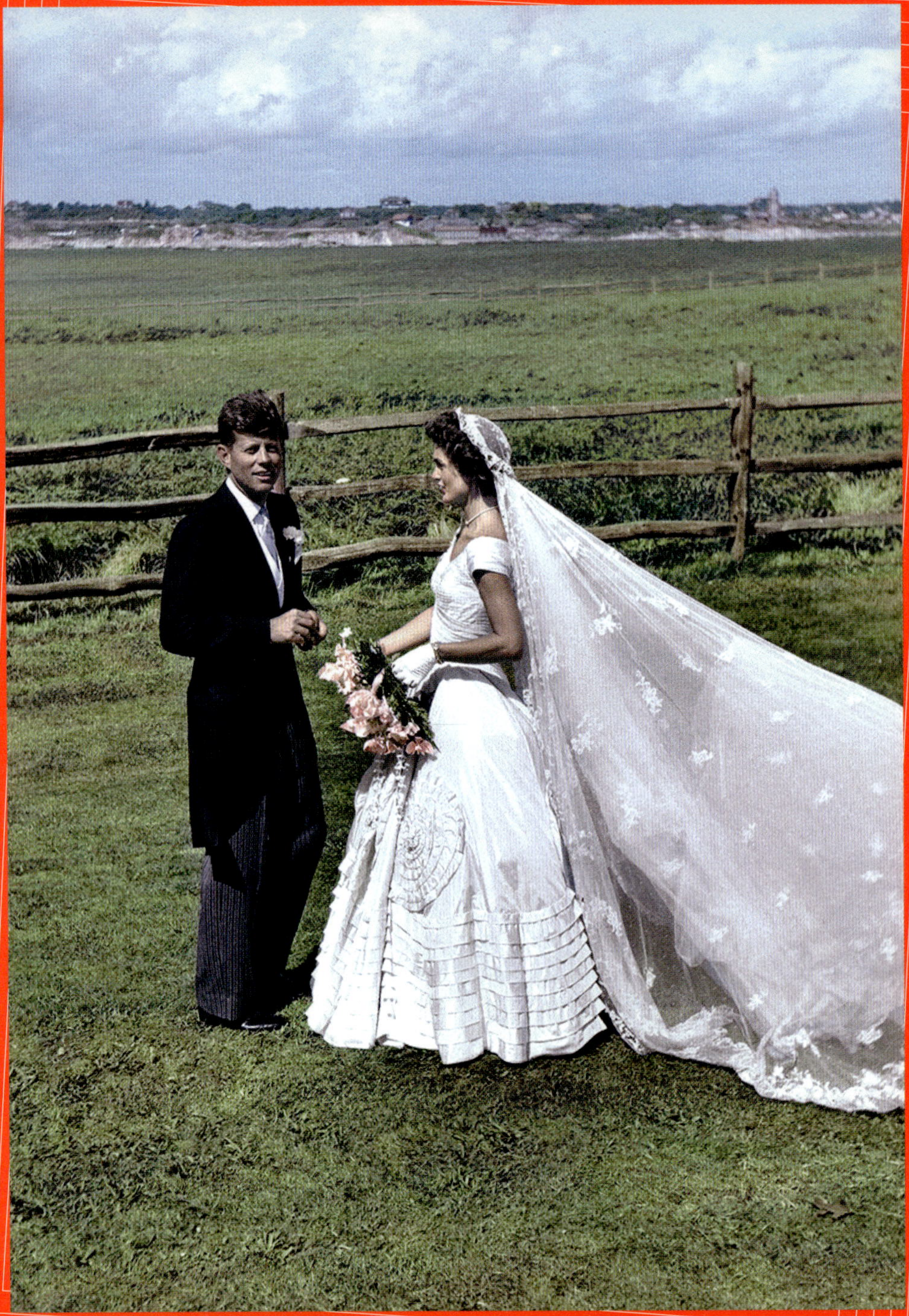

目　录

引言　001

1850年代　帝国争雄　005

1860年代　奋起反抗　045

1870年代　风雨飘摇　077

1880年代　创造奇迹　109

1890年代　世纪黄昏　141

1900年代　黑暗黎明　177

1910年代　战争与革命　215

1920年代　咆哮年代　261

1930年代　战争之路　307

1940年代　毁灭与救赎　345

1950年代　风云变幻　387

译名对照表　420

◀ 约翰·菲茨杰拉德·肯尼迪与杰奎琳·布维尔在婚宴上的留影。摄影师为托尼·弗里塞尔。地点为罗得岛州纽波特的哈默史密斯农场，时间为1953年9月12日。

引　言

考古学家霍华德·卡特检视埃及法老图坦卡蒙（约公元前1332—前1323年在位）的棺木。1922年，卡特在帝王谷发现了保存几乎完好的图坦卡蒙之墓。

16世纪初，列奥纳多·达·芬奇写下了几行关于透视的文字。他写道，物体距离观察者越远，就显得越小、越不清晰，并且会失去色彩。

达·芬奇这句话的语境是绘画，但也适用于摄影，在比喻的意义上也适用于历史。我们知道，世界素来和我们今天看到的一样生动、直观、五彩缤纷和“真实”。但是，我们看到的过去很少是生动活泼或五彩缤纷的。1839年银版摄影法推广之后，摄影成为历史记载的一部分。而在摄影诞生之后的最初一个世纪里，照片几乎全是黑白两色的。我们看到的这些历史照片是不完整的、黯淡的。借用圣保罗对哥林多人说的话，我们只能透过玻璃来影影绰绰地看历史。

本书的宗旨是为褪色的世界恢复光彩。这是一本由彩色照片组成的历史书，收入了约200张在1850年至1960年间拍摄的照片。这些照片原本都是黑白的，但借助数字技术上了色。我们希望这种效果能帮助大家用崭新的眼光观察人类历史那个充满戏剧性的成长阶段。

本书收录的每一幅照片本身就饶有趣味。我们选择这些作品，将其组织成一套图册，并配上了较长的说明文字。照片和文字共同组成一段连贯的叙述：故事从克里米亚战争讲到冷战，从蒸汽时代到太空探索时代。本书从帝国争霸的时代开始，到超级大国的时代结束。在这个舞台上表演的有巨人、暴君、谋杀犯、烈士、天才、发明家，以及企图毁灭世界的狂人。

这些照片的来源很广泛。有的原本是蛋白照片，通过复杂的工艺制作出来，需要较长的曝光时间，并需要运用玻璃片、火棉胶、蛋白和硝酸银。有的照片是用中画幅胶片甚或35毫米电影胶片拍摄的。有的照片是私人拍摄用来娱乐的，有的被出售并印刷在明信片上，有的则发表在大众杂志上。有的照片的清晰度高得惊人，有的难免带有时代的烙印，这给它们增添了额外的魅力。这些照片最后得到妥善保管，被数字化并存放到现代化的图片档案馆里。我们可以下载这些照片的高清版本。

在给历史照片上色之前，必须做好功课。

比如，一幅军人的照片包含制服、勋章、绶带、布块、车辆、皮肤、眼睛的颜色和发色。必须尽可能核实每一个细节：通过其他的影像资料或文字资料来确认。单单通过黑白照片的不同灰度没办法知道原本的颜色。唯一的办法是每一位历史学家（不管他们的研究领域是什么）都熟悉的：挖掘、挖掘、挖掘。*

搜集到尽可能多的信息之后，就可以给老照片上色了。虽然我们是在电脑屏幕上工作，但每一个点都需要手动上色。这里面没有什么计算机算法。工具是数字化的，但自达·芬奇的时代以来，艺术家的基本技术就没有变化过：缓慢地添加一层又一层色彩，将数百层颜色混合起来，努力记录和重现与照片本身契合的具体气氛。光影很重要，质感也重要。微小的细节十分关键。需要极大的耐心。给一张照片上色，可能需要一个小时，也可能需要长达一个月的时间。有时经历了这么多艰辛的工作，出于某些原因，结果仍然不能让人满意。总之它……看上去不对劲。那就重新回到档案资料。有些东西只能是黑白两色的。

我们合作创作本书花了两年时间。选择照片的时候我们尽量顾及各大洲和多样的文化，并且既收入著名的影像，也选择了一些已经被人遗忘的。我们缅怀死者，尽力表现他们的时代。我们可能一共看过 1 万张照片，因为选择困难且痛苦，其间改过很多次主意。我们想方设法容纳尽可能多的内容，尽管我们始终知道，在 10000 张照片中有 9800 张最终会被舍弃。

单是这种选取和抛弃的比例，就能说明这不是一本全面的通史。怎么可能是呢？我们舍弃的比选择的照片多得多。但我们希望本书能够提供一种新的看待世界的方式，并且那是一个经历着恢宏变革的世界。创作本书对我们来说既是荣誉，也是快乐。我们希望读者诸君会喜欢。

玛丽娜·阿马拉尔和丹·琼斯

2018 年 4 月

* 当然，有的时候挖掘会无功而返。如同历史学家做出自己的判断，此时就需要做出艺术选择了。这个看起来应该是什么样的？你要按照直觉行事，并且永远不要假装什么都知道。

PHOTOGRAPHIC
VAN

1850年代

帝国争雄

照相机能为艺术家提供对自然的最忠实记录，细节和广度都是完美的，而艺术家有足够的空间发挥自己的判断力、想象力和创造力。

——罗杰·芬顿，1852年

1855年3月8日，三十五岁的英国律师和摄影师罗杰·芬顿乘船抵达黑海之滨克里米亚半岛的巴拉克拉瓦，把他的设备运上岸。此时的克里米亚半岛是战区。芬顿和两名助手带来了5台照相机、700张玻璃干板、炊具、野营用具、3匹在直布罗陀购得的马，还有用1辆酒商马车改装成的移动暗室（同时充当宿舍，见第4页的照片）。

芬顿是艺术先驱，也是政治上的争议人物。他是英国皇家摄影协会的创始人之一，该协会的宗旨是推动摄影这种新的、正在快速进步的艺术形式的发展。他此行的赞助者是曼彻斯特的出版商托马斯·阿格纽父子公司，该公司希望得到可供出售的照片。英国女王维多利亚和她的丈夫阿尔伯特亲王也支持芬顿。

芬顿是世界上最早的摄影师之一，不过他在克里米亚半岛拍摄的那些缺乏生气、腰杆笔直的英雄肖像照片，用今天的话来说是政治宣传，而不是新闻记录。他拍摄这些照片是为了宣传英国参战的正当性，因为当时有成千上万的英国人在克里米亚死于暴力冲突和疫病。19世纪50年代的四个帝国主义大国参加了这场浪费生命与资源、削弱各方力量的战争：一边是英国、法国和奥斯曼帝国，另一边是俄国。《泰晤士报》刊登了关于克里米亚前线恶劣条件的惊人报道。英国政府希望芬顿能够用影像资料来炮制正面的宣传，抵消报纸上的负面新闻。

不管怎么说，芬顿的克里米亚之旅仍然是一个重大的历史事件。从此刻起，世界大事开始被大规模地记载在胶片上。自那以后，照片成为留给后世的丰富宝藏，而芬顿那样的人为其赞助者提供的服务，与他们为未来历史学家做的贡献相比就微不足道了。历史学家将会通过照片身临其境地叙述和解释世界历史。

芬顿拍摄了19世纪50年代的光辉荣耀，却没有记录它的悲苦。19世纪50年代的世界究竟是什么样子？简言之，这是帝国争雄的时

1850年

4月 从1848年起一直在流亡的教宗庇护九世在法国军队的护送下返回罗马。

5月 一头名叫欧贝施的河马被送到伦敦动物园。它是埃及捕获并赠给英国的礼物。

9月 美国国会达成“1850年妥协”，试图借此防止不断扩张的美国境内自由州与蓄奴州发生冲突。

1851年

1月 太平天国运动在金田爆发，洪秀全领导的太平天国开始与清政府对抗。

5月 万国工业博览会在伦敦海德公园的水晶宫开幕。

6月 路易·达盖尔去世。他是摄影技术的先驱和推广者。

1852年

3月 查尔斯·狄更斯的小说《荒凉山庄》开始连载。

12月 夏尔-路易-拿破仑·波拿巴推翻法兰西第二共和国，自立为法国皇帝，称拿破仑三世。

1853年

6月 乔治-欧仁·奥斯曼奉命开启激进的巴黎重建工程。

7月 美国海军准将马修·C.佩里率领美国炮舰威吓日本，签订了美日之间的通商条约。

10月 克里米亚战争爆发。奥斯曼帝国向俄国宣战。英法支持奥斯曼帝国，后来还派遣远征军直接参战。

1854年

5月《堪萨斯-内布拉斯加法案》建立了美国的堪萨斯和内布拉斯加领地，引发奴隶制支持者与反对者之间的长期暴力冲突，即所谓的“血溅堪萨斯”。

9月 约翰·斯诺追踪伦敦霍乱疫情，发现它的起源是一台水泵，这证明霍乱能通过水传播。

10月 在克里米亚战争的巴拉克拉瓦战役中，发生“轻骑兵冲锋”事件。

代。主宰世界的第一强国是英国，它统治和征服的疆域包括加拿大、印度、缅甸、非洲南部的部分地区、澳大利亚和新西兰，以及广袤大洋沿岸的许多较小的前哨阵地。英国海军主宰并探索世界各大洋，让英国成为超级大国。

在欧洲和中东，英国的竞争对手包括法国、奥斯曼帝国和俄国。在东方，欧洲列强与大清王朝和印度的莫卧儿王朝争夺影响力和资源。巴西主宰南美洲，而在墨西哥湾与北美五大湖之间，朝气蓬勃的美国阔步前进。七十多年前北美殖民者反抗英国统治，建立了美国。后来美国从法国手中购买土地，又从日薄西山的西班牙帝国那里吞并了一些领土。美国的自由白人，再加上来自欧洲和中国的定居者，正忙着开发大西洋与太平洋海岸线之间广袤的北美大陆。但在美国不断扩张的过程中，美国人内部发生了愈演愈烈的矛盾，后来在 19 世纪 60 年代造成了极其恐怖的后果。

在这个帝国主义年代，另一种主要的推动力量是科技与探索。快速工业化和新发明改变了人们生活、工作、旅行、交流、思考和梦想的方式。海底电报电缆；庞大的远洋班轮；重建历史古城的雄心勃勃的计划；运用新式加农炮（这种大炮能够在几分钟之内将一座古建筑化为瓦砾堆）的战争；探索遥远的充满异国情调的土地；追踪生命起源的科学研究；通过疾病、强制迁移和野蛮暴力消灭历史悠久的民族……凡此种种，都出现在这个时代。19 世纪 50 年代发生了许多不同寻常、几乎史无前例的变革，这些变革让人们既惶惑又喜悦，也让很多人丧命。

世界一刻不停地变化，也被芬顿那样的人持续不断地记录下来。芬顿乘坐改装过的酒商马车亲临克里米亚前线，用照相机记录生活。他或许不是有意为之，但一个多世纪之后我们还能借助他的照片重返他的世界，身临其境地观察那个黑白两色的世界。我们当然也可以运用现代科技恢复那个世界的色彩。

1855 年

3 月 罗杰·芬顿带着他的照相马车抵达克里米亚半岛，记录正在进行的战争。

3 月 俄国沙皇尼古拉一世驾崩，其长子亚历山大继位。

9 月 英法联军占领塞瓦斯托波尔。

1856 年

3 月 喜马拉雅山脉的第十五峰被测量判定为世界第一高峰。它后来被更名为珠穆朗玛峰（西方称埃佛勒斯峰）。

3 月《巴黎条约》签订，克里米亚战争结束。

10 月 第二次鸦片战争爆发，清朝军队与英法联军对抗。

1857 年

5 月 驻扎在德里附近的东印度公司军队中的印度兵掀起反叛，印度兵变爆发。武装冲突持续了一年多。

9 月 纽约的金融恐慌迫使城内各大银行停业，美国全境的铁路公司停业。

12 月 维多利亚女王指定渥太华为加拿大省首府。

1858 年

1 月 费利切·奥尔西尼用炸弹行刺拿破仑三世。奥尔西尼后来被送上断头台。

8 月《印度政府法案》通过，结束了东印度公司对印度的统治，将权力移交给英国政府。

8 月 美国总统詹姆斯·布坎南通过跨大西洋的电报系统与维多利亚女王交换消息。不久之后该电报电缆发生故障。

1859 年

4 月 苏伊士运河开始施工。

9 月“大东方”号首航。它是当时世界上最大的船只，设计者是伊桑巴德·金德姆·布鲁内尔。

11 月 查尔斯·达尔文出版《物种起源》，提出自然选择驱动的进化论。

拿破仑三世，法国皇帝

这个帝国争雄时代的一位重要人物是夏尔－路易－拿破仑·波拿巴，他是拿破仑一世的侄子和继承人。拿破仑一世是富有领袖魅力的军事家，于1799年夺取大革命时代法国的政权，后来一度主宰欧陆。

拿破仑一世在滑铁卢战役中遭受可耻的惨败，他的统治就此结束。他被流放到圣赫勒拿岛，于1821年去世。他的继承者年轻时被称为路易－拿破仑，一生的大部分时间在流亡并策划夺回伯父的皇冠，为法兰西恢复帝国的荣耀。1848年，机会终于来了。在反对波旁王朝的政治革命之后，法兰西第二共和国建立，路易－拿破仑回国并当选为总统。

路易－拿破仑力图让法国恢复波拿巴时代的鼎盛，所以积极推进现代化，包括银行业改革、城市规划、修建铁路、造船和农业改良。但这一切都是在专制统治的阴影之下进行的。1852年，总统推翻了自己的共和国，自立为皇帝，采用拿破仑三世的头衔，因为拿破仑一世的儿子在1815年夏季的一个短暂时期是名义上的法国统治者。拿破仑三世在加冕礼上宣称："有人说帝国意味着战争。我说，帝国意味着和平。"

事实证明，这些高尚的言辞一钱不值。在19世纪50年代的余下时间里，政治反对派遭到流放或监禁。法国参加了1853—1856年的克里米亚战争，并于1859年入侵意大利。19世纪60年代（也就是左页这张照片拍摄的年代），帝国政府对民众的压制略微缓和，但拿破仑三世已经证明自己是个彻头彻尾的波拿巴。1870年在普法战争中被打败之后，他被推翻和流放。三年后，他在英格兰去世。

重建巴黎

拿破仑三世的最伟大成就之一是全面重建了法国首都巴黎。当时的巴黎人口急剧增长。1850年，巴黎总人口中有超过三分之一的人挤在中世纪城墙范围内的很小区域。稠密的人口容易受到霍乱和伤寒等疫病的摧残。

拿破仑三世在19世纪40年代流亡期间曾宣布自己的宏伟计划：他要效法第一位罗马皇帝奥古斯都，把巴黎重建为一座大理石的辉煌城市。19世纪50年代，这项使命被托付给塞纳省省长乔治－欧仁·奥斯曼男爵。他精力充沛但脾气暴躁。巴黎的1.2万座建筑被拆除，包括市中心贫民区的许多房屋。新的下水道和引水渠系统改善了涉水卫生，宽阔的林荫大道将诸多公园和公共广场连接起来。

奥斯曼的工程耗资25亿法郎（差不多相当于今天的50亿欧元），并且毁誉参半。诗人维克多·雨果和夏尔·波德莱尔认为奥斯曼的工程毁掉了巴黎的中世纪风情，还有很多人抱怨说，拓宽街道是为了更好地调动军队镇压未来可能发生的革命。作家埃米尔·左拉说奥斯曼的巴黎是"极其伪善的，是耶稣会的莫大谎言"。

不过，巴黎的面貌焕然一新。后面两页是夏尔·马维尔（1858年被任命为巴黎的官方摄影师）拍摄的照片，表现的是奥斯曼工程在君士坦丁街（面向司法宫）破土动工场景。本照片中的几乎所有建筑，除了拍摄时正在翻新的司法宫，如今都已消失。

a Maison BIZOUARD
oulevart BEAUMARCHAIS.15.
can-Beausire (Materiel a VENDRE
PARAPLUIE RÉDUCTIBLE
DE POCHE

RUE DES DEUX ERMITES

我的家庭生活幸福美满，所以政治只能退居第二位（前提是我的国家安享太平）。

——维多利亚女王的日记，1846 年

维多利亚女王

拿破仑三世重塑法国的同时，在英吉利海峡对岸，英国正在维多利亚女王的统治下经历变革。1854 年，她三十五岁，头戴王冠已经十几年。她于 1837 年继承了伯父威廉四世的王位。一位现代传记家说，维多利亚生性“直率、刁蛮、固执”。她懂得英国君主立宪制的微妙处境。她在位的六十多年间英国发生了翻天覆地的变化。在“维多利亚时代”，大英帝国扩张到占据地球陆地总面积的五分之一以上。工业革命、科技革命和强大的民族自信心（女王赞助伟大的艺术作品，赞扬臣民的个性与业绩）使得英国既让全世界人民羡慕，也给世界带来了许多灾祸。

罗杰·芬顿于 1854 年 6 月 30 日为维多利亚拍摄了这张照片。她的夫君和毕生挚爱阿尔伯特亲王聘请芬顿拍摄了一系列肖像照片，右页的照片是其中之一。维多利亚和阿尔伯特有九个孩子，年纪最小的贝亚特丽斯公主于 1857 年诞生。1861 年，阿尔伯特去世（可能死于伤寒），维多利亚悲痛不已。

芬顿为维多利亚拍摄了好几张照片。维多利亚在当天的日记中写道，她“拍了很好的照片，但花了很长时间”。她特意在照相机前摆出冥思凝视的表情，这是当时典型的构图。女王表现得相对低调，服饰朴素，膝上摆着书，露出部分头发，但仍然流露出一种居高临下的气质。

布鲁内尔先生绝不忽略任何对工程应用有价值的新发现。

——《工程师》，讣告，1859 年

“大东方”号

全世界最大的船只完工之时，伊桑巴德·金德姆·布鲁内尔已经命不久矣。与乔治·史蒂芬森和约瑟夫·巴泽尔杰特一样，布鲁内尔是维多利亚女王治下英国最出类拔萃的工程师之一。他标志性的大礼帽与雪茄和他那些伟大的建筑业绩一样闻名遐迩。他的作品包括布里斯托尔的克利夫顿吊桥、伦敦的帕丁顿火车站和大西部铁路。布鲁内尔的作品象征着冒险与发明创造的精神，正是这种精神为 19 世纪英帝国主义的雄心壮志提供了动力。

左边照片中的“大东方”号是布鲁内尔设计的第三艘船，也是他的最后一项大工程。该船于 1854 年至 1858 年在伦敦米尔沃尔的约翰·斯科特·罗素船厂建造，设计规模极其宏伟，排水量高达 32000 吨。布鲁内尔希望它能从欧洲驶往英国在印度控制的各贸易港口，甚至抵达澳大利亚殖民地，而无须中途补充燃料。

“大东方”号于 1859 年秋首航。布鲁内尔患有肾病，于首航前不久在该船的甲板上中风，于 9 月 15 日去世。“大东方”号对这个时代的最大贡献是铺设了横跨大西洋的海底电报电缆。但它尺寸太大，维护费用过于高昂，所以在 1889 年被除籍报废。那时布鲁内尔已经去世多年。威斯敏斯特教堂有一扇窗户是专门纪念他的，赞誉他是维多利亚时代的巨人之一。

河马热

19 世纪科技与交通的飞速进步让世界变小。在维多利亚时代的英国，社会迅速工业化并与遥远的国度建立联系，人们很快对异国之物产生了浓厚兴趣。很少有比图中的这头河马更不寻常的东西了。它是在非洲被捕获的，当时还是幼崽。埃及总督派人用明轮船将它运到英国。它于 1850 年在伦敦动物园安家落户，被取名为“欧贝施”。这是尼罗河上一个小岛的名字，这头河马就是在那里被发现的。

欧贝施据说是古罗马时代以来第一头来到英国的河马，它在伦敦引发了“河马热”。每天下午 1 点到 6 点，有成千上万人赶来参观它。在这个时间段，游客们还可以观赏其他的新奇动物，包括（如今已经灭绝的）斑驴，还能观看一群阿拉伯耍蛇人的表演。当时的观念是，博物学对广大群众的道德有教育意义，不过大群游客也给动物园带来了丰厚的收入。伦敦动物园于 1847 年向公众开放，最初目的是筹资。

右边这张照片由西班牙贵族蒙提宗伯爵胡安于 1852 年拍摄，似乎是从欧贝施的笼子内部摄制的。这样做的风险很大，因为欧贝施对他的埃及饲养员很驯顺，但在其他人面前可能会很凶。照片的构图和主题暗示了一种明显的孤独感。不过两年后母河马奥德赫拉来到欧贝施身边，它俩生了好几头幼崽，其中于 1872 年 11 月 5 日出生的那头小河马被取名为盖伊·福克斯。

大家都还在拥向摄政公园，为的是与河马一起待上半个钟头。公众对河马兴致盎然，而它打个哈欠，表示无所谓。

——《河马来了》，《潘趣》杂志，1850 年 12 月

自然选择……是一种时刻准备行动的力量，比人类的虚弱努力优越得多，因为自然的力量总是比人工的力量强大得多。

——查尔斯·达尔文，《物种起源》（1859年）

《物种起源》

19世纪50年代，公众对动物学的兴趣达到高峰，而博物学本身也在经历变革。1859年，英国人查尔斯·达尔文出版了一本名为《物种起源》的书。在该书中，达尔文提出了自然选择理论，也就是说生物会根据自己是否适应环境而逐渐演化。

该书是达尔文长期实地考察的成果，他在19世纪30年代乘坐“小猎犬”号做了一次史诗般的为期五年的长途考察。他研究了南美洲、澳大利亚、新西兰、非洲南部和加拉帕戈斯群岛的自然世界，收集鸟类和其他动物，分析它们的差异。

在达尔文年轻时，父亲曾希望他去教会任职。但《物种起源》让他与基督教的许多教义发生直接冲突，其中最突出的就是上帝创造世界的故事。达尔文写道，他的著作“让教士们反对我，让我备受他们欺凌”，写这本书就像“供认自己犯了谋杀罪”。

然而，达尔文的著作产生了深远影响。《物种起源》不断重版，达尔文在1871年出版了另一部同样有争议的著作《人类的由来》。他长期患病，于1882年去世。左页这张照片是著名的摄影工作室艾略特与弗赖公司在达尔文晚年时拍摄的，照片中可见达尔文到当时已经蓄了将近二十年的“令人肃然起敬的大胡子”。

这是一个神奇的地方，庞大、怪异、新颖、难以描摹……仿佛只有魔法能从世界的各个角落聚集如此繁多的宝物。

——小说家夏洛蒂·勃朗特

回忆她参观 1851 年万国工业博览会的情景

世界博览会

帝国的时代是奇观的时代，也是劫掠的时代。帝国主义列强在全球扩张的同时，本国居民对新奇事物、新技术、工业制成品以及来自遥远国度的不寻常工艺品的兴趣越来越浓厚。

早在 18 世纪晚期，法国就开始兴办工业博览会。1851 年，英国效法这种理念，举办了第一次“世界博览会”，称为万国工业博览会。

来自全世界的超过 1 万件展品在海德公园一座巨大的玻璃与钢铁结构房屋（绰号水晶宫）内展出。博览会期间有将近 600 万人来到伦敦参观。展品包括火车头、稀有瓷器、壁毯、陶瓷、丝绸、“光之山”钻石之类的珠宝、一块在智利开采的 50 公斤重的黄金、一台汽锤、一台印刷机、一辆加拿大消防车、一台折叠钢琴，以及一套来自俄国的哥萨克铠甲。

博览会结束后，水晶宫被拆除，1854 年在西德纳姆重建，展出了很多新展品。右页照片中的两座用巴黎灰泥制成的巨像是仿照埃及南部阿布辛贝勒神庙制作的。

水晶宫于 1936 年毁于火灾，但在那之前发挥了重大作用，激发了人们对世界博览会和其他新奇宝物展览的狂热。这种狂热一直延续到今天。

我们是天造地设的一对，我眼前能看到你，有时在床上，有时没有穿短裤。

——亚历山大二世给叶卡捷琳娜·多尔戈鲁卡娅的信

惊世骇俗的沙皇

1855 年 3 月 2 日，亚历山大·尼古拉耶维奇站在临终父亲的床前。老人喘息着给了他最后的建议。“为俄国服务！”他说，然后攥紧拳头，“像这样，抓紧一切！”当夜，三十六岁的亚历山大接替尼古拉一世，成为俄国罗曼诺夫皇朝的沙皇亚历山大二世。在随后二十五年里，他努力践行父亲的建议，尽管它往往显得自相矛盾。

尽管幅员辽阔、人口众多，俄国在工业、政治和文化发展上却落后于英法。亚历山大二世的统治开始时，俄国正在克里米亚半岛与英法这两个超级大国苦战。战争将俄国的落后非常明显地暴露出来，令俄国蒙羞。如果俄罗斯帝国要生存下去，就需要现代化和改革。但在执行这样的政策时，亚历山大二世难免会削弱自己的独裁统治，并冒犯那些相信西化意味着背叛俄国传统的保守派。

亚历山大二世最重要的改革是在 1861 年解放了农奴。他还放松了新闻书报审查，重组了地方政府和军队，并扩建俄国的铁路系统。他也是一位喜好感官享乐的罗曼诺夫沙皇，与叶卡捷琳娜·多尔戈鲁卡娅公爵小姐有过一场激情澎湃的婚外情。两人第一次相会时叶卡捷琳娜只有十一岁，沙皇称她为“淘气的小姑娘”。1880 年，他娶她为第二任妻子。左页这张照片是几年前在伦敦拍摄的。1881 年，亚历山大二世被社会主义革命组织“民意党”的三名成员用炸弹刺杀。

“欧洲病夫”

奥斯曼帝国是俄国最主要的竞争对手之一。沙皇尼古拉一世在1853年某次与英国外交官会谈时将奥斯曼帝国比作“陷入老朽状态的人”。后来这句话被错误地流传为“欧洲病夫”，不过意思是一样的。

这个曾经无比强盛的伊斯兰帝国于14世纪从小亚细亚起源，不断扩张，囊括从今天的伊拉克到奥地利边境的广袤土地，但在19世纪50年代开始崩解。尽管从1839年开始，帝国在苏丹阿卜杜勒－迈吉德一世领导下开展了大规模改革、推进国家现代化，但到19世纪50年代，帝国的巅峰已经是遥远的过去。随着它倾颓衰败，西方列强开始为“东方问题”，即如何应对奥斯曼帝国缓慢但持续的瓦解所必然带来的动荡而烦恼。

英国的战地摄影先驱詹姆斯·罗伯逊大约在1855年于君士坦丁堡拍摄了右边这张照片。自400年前奥斯曼帝国从拜占庭帝国手中夺取这座城市以来，它一直是奥斯曼帝国的首都。君士坦丁堡有着深厚的历史底蕴和多元文化，并且位于欧亚大陆的交会点，是对贸易特别有益的风水宝地。最重要的是，在19世纪50年代，君士坦丁堡还掌控着连通地中海与黑海的水道，所以它对俄国特别重要，对英法帝国主义的利益也很关键。

如果俄国企图侵略并分割奥斯曼帝国……英国能够袖手旁观吗？英国难道不应当……保护自己的利益、维护世界和平？

——伦敦《泰晤士报》预言战争，1853年3月26日

La Rue de Tophana

第一夜，我在新到的伤员当中巡视的时候，听不见一句嘟哝、一声呻吟……这些可怜人以不屈不挠的英雄主义忍受着痛苦和肢体残缺。

——英国护士弗洛伦斯·南丁格尔，

1854 年 11 月 5 日

克里米亚战争

奥斯曼帝国的崩溃不仅仅是外交官关注的抽象问题。1852 年，在奥斯曼帝国统治下的耶路撒冷圣墓教堂，东正教僧侣和天主教僧侣用烛台互殴，这成为开战的理由。丢人现眼的斗殴成为战争的导火索，战场在距离斗殴地点 2400 公里远的地方。欧洲几乎所有的大国都参与其中，最终导致约 60 万人死亡。

耶路撒冷斗殴事件之后，法国皇帝拿破仑三世和俄国沙皇尼古拉一世各自要求奥斯曼统治者承认他们是耶路撒冷基督教圣地的保护者。法俄两国的争端没有得到解决，后来因为俄国攻击今天属于罗马尼亚的奥斯曼领土，冲突进一步升级。俄国的侵略可能威胁英国的利益。英国大受刺激，于是施加干预，向俄国宣战。1854 年，英国、法国和奥斯曼军队向黑海之滨克里米亚半岛的塞瓦斯托波尔发动进攻。此地是俄国在该地区的军事力量的核心。

克里米亚战争期间，各方在前线的生存条件都惨不忍睹。从前线用电报发往伦敦《泰晤士报》的新闻报道详细描绘了战场的疫病、艰苦和荒谬。左页这张照片里的人物是英国皇家炮兵部队的托马斯·朗沃思·德姆斯上尉，拍摄者是罗杰·芬顿。在照片中，德姆斯打扮得玉树临风，这是摄影师在刻意美化战争。爱尔兰战地记者威廉·霍华德·罗素看到的是另一种现实。他后来写道：“与在前线为祖国而战的英国士兵相比，伦敦乞丐过的简直是帝王的生活。”

他们可不能抗命，/他们可无法弄清，/只能奉命去牺牲。/骑兵六百名/冲进死亡的谷地。

——阿尔弗雷德·丁尼生，1854年

轻骑兵冲锋

巴拉克拉瓦战役发生在1854年10月25日。罗杰·芬顿前面这张跨页照片里的战场除了一些零乱的炮弹之外，显得很平静。（有人说这些炮弹是芬顿自己摆在那里的，相关的争论持续至今。）但此役结束后从克里米亚半岛传到欧洲各地的新闻报道讲述的却是截然不同的故事。“那些人眼睁睁地看着自己的英勇同胞冲向骤然降临的死神的血盆大口，却束手无策。再也没有一幅景象比他们目睹的更恐怖，”威廉·霍华德·罗素写道，“平原上到处是人和马的死尸。”

“轻骑兵冲锋”的故事因为阿尔弗雷德·丁尼生的诗歌和理查德·卡顿·伍德维尔的油画而名垂青史，但这其实只是巴拉克拉瓦战役的多场战斗之一。不过，“轻骑兵冲锋”很快成为英国在克里米亚战争中领导乏力以及士兵和战马生存条件极为恶劣的象征。

673名英国轻骑兵参加了那次指挥失误的冲锋，杀向俄军的炮兵阵地。下令发动此次自杀式冲锋的军官经验不足，并且命令在传达的过程中又出了错。英国轻骑兵有约110人阵亡。即便在克里米亚战争期间更广泛的灾祸（霍乱暴发、缺乏冬装、补给匮乏，导致成千上万人死亡）的背景下，“轻骑兵冲锋”也是一次不可原谅的灾难。这直接导致阿伯丁勋爵领导的英国内阁于1855年1月辞职。

战争中的女性

19世纪中叶的战争参与者主要是男性，但女性为他们提供了大力支持。她们为军队提供给养、物资和医疗护理，在克里米亚半岛与男性忍受同样的恶劣条件。这位不知名的随军女商贩的照片是罗杰·芬顿拍摄的（右页）。

自18世纪末，就有被称为随军女商贩（cantinières或vivandières）的女性跟随法国军队行动。她们是军人的妻子，身穿与丈夫相配的制服，在帐篷内或马车上向军人出售葡萄酒、食品、烟草和其他的小物资。拿破仑三世很重视随军女商贩，确保让大批这样的女性随同法国军队到墨西哥、远东、比利时、意大利、俄国和其他地区作战。直到20世纪初，随军女商贩一直是法国军队的组成部分之一。其他国家也效仿这种成功的制度。19世纪60年代美国内战中的双方军队里都有随军女商贩的身影。

随军女商贩的生活艰苦而危险，但也能为女性提供难得的自由。尤其是在法国，根据《拿破仑民法典》，女性行动和工作的自由受到严重束缚。风骚的随军女商贩会成为当时英国士兵的幻想对象，或许也是难免的。

她的亮面帽子……风骚地歪戴着，上衣显露出妖娆的柳腰……她真是美得惊人。

——《雷诺兹新闻》描述的一名随军女商贩，1854年12月

这不是单纯的兵变，而是普遍民族意识的表达。这样的兵变刚刚萌发迹象的时候，我们保住自己的帝国的希望就断绝了，我们就不应当再抱有这样的想法。

——维多利亚时代的历史学家约翰·西利爵士谈1857—1858年印度兵变

印度兵变

在列强于欧洲激战的同时，数千英里之外的东方发生了另一场斗争。自17世纪初以来，英国就通过东印度公司扩张自己在印度的地盘。在英国王室的庇护下，东印度公司凭借精明狡黠的政治手腕和凶悍的私营武装，到19世纪中叶已经统治了印度次大陆的一半以上：从喜马拉雅山脉到马德拉斯，从阿富汗到下缅甸。

有人指控东印度公司的官员悍然干预土著的社会与宗教传统，在经济上剥削土著，并且贪赃枉法。印度教徒、穆斯林和基督徒之间的宗教冲突因为1857年初的一桩谣言而加剧：据说东印度公司发给土著印度兵的新子弹是用猪油和牛油涂抹过的。这对穆斯林和印度教徒来说都是严重的侮辱。

1857年5月10日，驻军城镇密拉特爆发大规模叛乱，领导者是哗变的印度兵。叛乱迅速蔓延到德里和勒克瑙（奥德省的首府，1856年5月被东印度公司吞并）。左页这张照片展现的是叛乱平息不久之后的勒克瑙清真寺。奥德省的其他城市在随后几周里相继掀起叛乱，勒克瑙的英国总督府遭到两次围攻，一共被围超过140天。到1858年年底，勒克瑙和德里已经化为废墟，北印度已经动乱18个月之久。叛乱最终失败，但彻底地改变了印度。

英属印度的诞生

1857—1858 年横扫北印度的暴力冲突导致约 80 万人死亡。交战双方都犯下了累累罪行，包括用刺刀屠杀平民、强奸、私刑、谋杀儿童和恐怖的“炮决”（即将叛军士兵捆在大炮炮口，然后开炮，将其炸成碎片）。印度兵变中的双方都有印度人参战，某个地区是忠于英国还是参加叛乱取决于当地的历史。在旁遮普，锡克士兵与英国军队并肩作战，比如右边这张意大利摄影师费利切·贝亚托在 1858 年拍摄的照片中的两名锡克骑兵。

印度兵变激发了英国人的报复心。他们残酷无情地处决叛军。英国国内的极端爱国主义报纸为平叛过程中的暴行喝彩。查尔斯·狄更斯写道：“我希望我是驻印英军的总司令……我会竭尽全力灭绝印度种族。”幸亏他不是总司令。1858 年，维多利亚女王颁布御旨，宣布结束东印度公司在印度的统治，由英国政府直接治理印度。英属印度的时代开始了。

此后，英国人更加关注印度的文化与等级制度，同时修建铁路和运河，鼓励兴办中小学和高等教育。英国人建立了现代印度的基本结构。他们这么做当然是为了自己的利益，但也播下了印度民族主义的种子。几十年后，印度民族主义推动了大英帝国的解体。

我们对印度领地的土著居民负有的义务，与我们对其他臣民的义务完全相同。

——《印度政府法案》，1858 年

比这更可耻、更能给英国带来永恒耻辱的战争，我不知道，也从来没有读到过。

——英国首相 W. E. 格莱斯顿，1877 年

鸦片战争

对英国来说，印度带来的最大好处之一是鸦片。英属孟加拉种植的罂粟被加工成这种成瘾性很强的毒品，然后出口到世界各地，尤其是中国。鸦片在中国风行一时，躺满骨瘦如柴的瘾君子的鸦片馆在当时的中国城乡很常见。

清政府认识到鸦片成瘾对社会造成了严重破坏，于是试图阻挠英国向中国销售鸦片。第一次鸦片战争的时间是 1839 年至 1842 年（从英国方面来看）；第二次鸦片战争于 1856 年爆发。在两次鸦片战争期间，大英帝国及其法国盟友的强大海军力量向清朝军队发动进攻，还牵扯进来很多关涉列强之间竞争的问题，如所谓的列强与中国自由贸易的权利、中国人虐待外国传教士的问题，以及苦力问题（中国劳工被贩卖到世界各地，在新加坡、澳大利亚、秘鲁、智利、加勒比地区和美国做工）。

左侧，费利切·贝亚托拍摄的这张照片表现的是 1860 年 8 月英法联军取胜之后的大沽口炮台（它保护着通往北京的道路）内部的景象。（这张照片很血腥，与几年前克里米亚战争期间拍摄的干干净净的战地照片大不相同。）两个月后，英法联军洗劫了圆明园内价值无量的瓷器和宝物，然后将圆明园烧毁。受辱的清朝皇帝逃之夭夭，列强向中国强加了一项对英法特别有利的惩罚性条约。

只有鲜血才能洗净这个有罪国度的罪孽。

——废奴主义者和自由斗士约翰·布朗

美国的扩张

在旧大陆的欧洲列强集中力量向东方扩张的同时，诞生于18世纪独立战争的年轻美国也在扩张。19世纪50年代，美国政府打着“天定命运”的旗号，在今天的美国中西部地区积极扩张领土。“天定命运”的意思是，上天注定美国将会占据大西洋和太平洋海岸之间的全部北美土地。

“天定命运”的理念最终支撑美国成为世界性的超级大国，但对北美土著民族，比如北美大平原的波塔瓦托米部落（右页照片中就是该部落的两名成员），造成了灾难。根据条约，波塔瓦托米部落被从原先的家园驱逐，搬迁到位于内布拉斯加和堪萨斯的新领地。等到美国政府后来又强占内布拉斯加和堪萨斯并往那里移民的时候，土著不得不再次迁移。这种残酷无情的强制迁移导致其人口骤减，接近灭绝。

同时，对白人定居者来说，西进运动暴露出了各州之间严重的政治矛盾。主要问题是奴隶制，即新加入联邦的州是否应当允许奴隶制。19世纪50年代的堪萨斯发生了一系列游击战（称为“血溅堪萨斯”），一派相信奴隶制是宪法授予的不可剥夺权利，另一派则认为奴隶制违背了美国的自由原则。

西部地区爆发的暴力冲突无助于在政治上解决奴隶制问题。到19世纪50年代末，很多人清楚地看到，只有战争才能解决这个问题。

加利福尼亚之梦

美国朝太平洋方向的扩张让加利福尼亚于1848年成为美国领土。这一年，有人在内华达山脉发现了金矿，于是大批淘金者拥向西部，所有人都梦想通过淘金一夜暴富。

但来到加利福尼亚的不只是东部各州的美国人。19世纪50年代，成千上万的中国劳工逃脱清政府风雨飘摇的统治，来到加利福尼亚。其中很多人去了金矿，也有些人在旧金山这样的新兴城市定居。这些地方非常需要基本的服务业来支撑庞大的新人口，需要洗衣工也需要娼妓。

左侧照片中，白人和华人矿工一起工作。但这两个群体之间存在矛盾。加利福尼亚州的法律保证了在白人和华人发生纠纷时，法律一定支持白人。此外，华人矿工必须每月缴纳沉重的赋税和授权费。1854年，加利福尼亚最高法院在加利福尼亚州诉乔治·W. 霍尔案的裁决中宣布，华裔美国人和移民无权在诉讼案件中做证反对白人公民。

就这样，华工被剥夺了最基本的权利。在法律层面，他们和黑人、混血儿及美洲土著人属于同一个范畴。尽管加利福尼亚州宪法禁止奴隶制，但在这个所谓的自由州里，法律还是暗地里加强了白人的主宰地位。

……自然已经证明这个种族是劣等的，他们的历史也证明，他们的进步和智力发展到一定程度就会停滞不前……

——种族主义被写入法律。

加利福尼亚州诉乔治·W. 霍尔案，1854年在这次快捷的旅途中，加拿大的伟大前景以及随处可见的热火朝天勤奋工作的景象，给我留下了深刻印象。

——威尔士亲王阿尔伯特，多伦多，1860 年

连通加拿大

铁路大大促进了北美的开发。有了蒸汽机车和里程数千英里的铁路，之前远得不敢相信的距离如今可以轻松跨越。这在加拿大和美国北部特别重要。19 世纪 50 年代，加拿大的大干道铁路公司开始建造连接蒙特利尔和安大略的大型铁路网络，还有一些铁路线向南延伸，通往美国的佛蒙特、马萨诸塞和缅因等州。

加拿大被铁路连为一体的过程，也是它的政治统一取得进步的过程。尽管加拿大分为英语区和法语区，但在 1840 年，上加拿大和下加拿大被合并为统一的、受英国统治的加拿大省。（1867 年，邻近的英国领地新斯科舍和新不伦瑞克也被并入加拿大。）不过，这个政治实体不像今天的加拿大那样辽阔：苏必利尔湖以西的全部土地仍然无人定居，也几乎没有被探索过。

19 世纪下半叶，加拿大的开拓取得长足进步，它的独立性也不断增强，不过直到 1982 年才彻底脱离英国的统治，获得独立。右侧这张照片表现的是加拿大作为大英帝国自治领的历史。苏格兰人威廉·诺特曼拍摄了很多这样的照片。诺特曼于 1856 年移民到加拿大，四年后在未来的国王爱德华七世访问加拿大时陪同过他。

1860年代

奋起反抗

昨天，美国的心受到了前所未有的触动。这新闻……让人心惊肉跳、痛苦不堪。我们的历史上还没有别的事件能让我们如此亢奋。

——《纽约时报》，1865 年 4 月 16 日，亚伯拉罕·林肯遇刺两天后

“我疯了！我疯了！”二十一岁的刘易斯·鲍威尔这样说着，逃离美国国务卿威廉·H. 苏厄德的家，跑上华盛顿特区的大街，将一把血淋淋的刀扔进下水道。这是 1865 年 4 月 14 日，将近午夜，美国历史上一个令人悲伤的日子。

苏厄德身负重伤。他被鲍威尔戳得半死，躺在床上奄奄一息。在别的地方发生了更糟糕的事情。在几条街之外的福特剧院，第十六任总统亚伯拉罕·林肯同样生命垂危。他在观看滑稽剧《我们的美国亲戚》时遭到著名演员约翰·维尔克斯·布斯枪击，头部中弹。苏厄德死里逃生，但林肯于次日上午去世。副总统安德鲁·约翰逊也遭到行刺，不过他躲过一劫，于当天宣誓成为林肯的继任者。林肯是第一位遇刺身亡的美国总统，但不是最后一位。

鲍威尔于三天后在一处寄宿公寓被捕，他的大多数同伙也被逮捕。（布斯被击毙。）这些刺客的动机很快就查清楚了。他们都是南方邦联的支持者，对北方的联邦政府心怀不满。1861 年，反对奴隶制的林肯当选总统。为了表示抗议，南方各州脱离联邦，组成了美利坚联盟国（南方邦联）。这引发了一场血腥的内战，在四年时间里导致 62 万美国人死亡，以南方邦联战败告终。鲍威尔出生于亚拉巴马州，1863 年 7 月参加过非常残酷的葛底斯堡战役。

第 44 页的肖像照片是鲍威尔在军舰“索格斯”号（停泊在安那考斯迪亚河上）上候审时拍摄的。摄影师是移民到美国的苏格兰人亚历山大·加德纳，他拍摄了当时很多重大战役的场景，并为许多名人留影。

加德纳的构图很粗糙，并且直截了当地表现死亡和暴力，但其实他和罗杰·芬顿一样经常摆拍，喜欢操控他记录的场景。图中的鲍威尔显得麻木不仁、无忧无虑，实际上他的内心饱受折磨。他被关押的地方条件恶劣，拍摄这张照片的几天前他多次用头撞击牢房的铁栏杆，可能是想自杀。加德纳展现的却是这位刺

1860 年

5 月 朱塞佩·加里波第领导一支军队入侵西西里。此事后来被称为“千人军远征”，是意大利统一运动的一部分。

10 月 第二次鸦片战争期间，北京的圆明园被烧毁。

11 月 亚伯拉罕·林肯当选为美国第十六任总统。

1861 年

2 月 美国南方各州脱离联邦，组建美利坚联盟国，由杰弗逊·戴维斯总统领导。

2 月 /3 月 俄国沙皇亚历山大二世宣布解放农奴。

4 月 美国内战爆发。

8 月 咸丰皇帝驾崩。慈禧太后控制的派系夺取政权。

1862 年

5 月 普埃布拉战役，墨西哥军队打败法国军队。此役的纪念日如今是“五月五日节”。

6 月 /7 月 美国内战的“七天战役”。

9 月 普鲁士国王威廉一世任命奥托·冯·俾斯麦为首相。

1863 年

7 月 葛底斯堡战役，美国内战期间最血腥的战役。16.5 万人参加了此役，约三分之一的人死亡或伤残。

1864 年

2 月 普鲁士入侵丹麦。

12 月 伊桑巴德·金德姆·布鲁内尔的克利夫顿吊桥在英格兰布里斯托尔向公众开放。此时设计者已经去世五年。

客的一种迥然不同的形象。这张照片流露出冷冰冰的反抗精神，很像今天时尚杂志封面上摇滚明星假装的漫不经心。当时全世界都渴望获得分裂的、痛苦挣扎的美国的消息，而加德纳的照片，以及他的版本的故事，满足了这种需求。他还把这个故事跟踪到底。几个月后的1865年7月7日，鲍威尔和三名同案犯在华盛顿军火库被处以绞刑的时候，加德纳是唯一在场的摄影师。

美国内战是19世纪60年代最重大的事件之一。与此同时，世界的其他部分也经历了大规模的震荡。普鲁士王国在奥托·冯·俾斯麦坚定而精明的领导下，先后打败邻国丹麦和奥地利，成为中欧的主宰者。意大利在维托里奥·埃马努埃莱二世国王的领导下统一。德国和意大利的武力统一几乎同时发生，互相之间也有联系。这两个国家的建构是中欧漫长的动荡历史的一部分，这段历史可以追溯到神圣罗马帝国的鼎盛时期。德国和意大利统一产生的后果，将在20世纪的两次世界大战中体现出来。与此同时，沙皇亚历山大二世解放俄国农奴然后努力镇压俄国西部领土上的一系列起义，俄国进入了长达五十年的社会与政治革命时期。日本发生了革命和明治维新；中国则在两位富有魅力的皇太后统治下进入了漫长的现代化阶段。

与此同时，技术日新月异，新铁路和电报电缆继续把全世界连为一体。人们开凿运河，发明潜艇等新型交通工具。科学家发现了许多新元素，研发了许多新技术。这些新技术将会以极端的、出人意料的方式改变人类对世界的体验。有些技术，比如抗菌消毒术，能够治愈疫病、延长人的寿命；也有些技术，比如炸药，突出体现了人类日渐增长的将科学用于破坏的能力。

1865年

4月 罗伯特·李将军在阿波马托克斯投降，美国内战结束。林肯被约翰·维尔克斯·布斯刺杀，布斯的同伙包括刘易斯·鲍威尔。

1866年

3月/4月 美国众议院通过《民权法案》，给予非洲裔美国人法律保护。这是内战后“重建”早期的一项重要举措。

7月“大东方”号成功铺设第一条跨大西洋的电报电缆。

1867年

5月 阿尔弗雷德·诺贝尔在伦敦注册硝化甘油炸药的专利。

6月 墨西哥皇帝马克西米利安被枪决。

9月 卡尔·马克思出版《资本论》第一卷。

11月 十四岁的睦仁登基，成为日本的明治天皇。“明治维新”为日本社会带来快速变革。

1868年

1月 最后一艘运送流放犯的船只从英国抵达澳大利亚。英国将犯人流放到澳大利亚的时代结束。

10月 托马斯·爱迪生第一次申请专利。

1869年

5月“全国女性选举权协会”在纽约成立，为美国女性争取选举权而游说。

11月 苏伊士运河正式投入使用，一支庆典船队通过运河。

加里波第

1860年5月11日，被称为“千人军”的红衫军在西西里岛西部登陆。为他们提供武装和领导的是19世纪最著名也最勇敢的军人之一：朱塞佩·加里波第。他们的目标是将西西里从波旁王朝的统治下解放出来，并让西西里加入新生的意大利王国。

意大利统一运动是加里波第为之奉献的最后一项伟大事业。他生于1807年，年轻时代就热衷于革命，二十六岁时被从意大利流放。他后来到了南美洲，参加了一系列起义运动，包括反对巴西帝国的“破衫汉战争”和乌拉圭的一场内战。

加里波第是游击战大师和本领高强的海军指挥官。19世纪50年代，他经营美洲与英国之间的航运业。但祖国意大利和意大利统一的政治活动一直牵挂着他的心。他于1860年抵达西西里。这标志着一场运动的开端，而其最终结果是1871年意大利获得统一。

加里波第的传奇和他的真实成就一样令人瞩目。左页这张照片拍摄于1864年，他穿着标志性的红色衬衫。这件制服，再加上他身为浪漫的远征军战士和冒险家的威望，让他在全世界，尤其在他心爱的意大利成为偶像人物。他为意大利的统一做出了巨大贡献。

我给不了你们军饷、营地或粮食；我能给你们的，只有饥饿、干渴、强行军、战斗和死亡。全心全意热爱自己的祖国，而不光是嘴上说说而已的人们，跟随我来吧。

——朱塞佩·加里波第，1849年7月2日

意大利统一 ▶

到19世纪60年代，罗马郊外的萨拉里奥桥已经见证过罗马帝国的覆灭、蛮族征服者的蹂躏以及拿破仑一世军队的炮轰。然而在1867年，教廷和法国军队为了阻滞加里波第领导的军队的推进，炸毁了萨拉里奥桥。这座大桥著名的长25米的中央石拱终于轰然坍塌，坠入河中。

萨拉里奥桥是意大利统一运动（Risorgimento，字面意思是复兴）的牺牲品之一。意大利统一运动实际上是一系列长期的政治运动和军事冲突，目标是让亚平宁半岛上形形色色的邦国统一起来。在19世纪的大部分时间里，意大利民族主义者都在努力建立一个不受外国主宰的自由的民主国家，到1867年时这个梦想距离实现似乎只有咫尺之遥。他们已经掌控几乎整个意大利，唯一的例外是以罗马为中心的教皇国。早在1861年时，民族主义者就宣布罗马是统一意大利的首都，但仍然没有征服它。1867年，加里波第的军队企图占领罗马城，但被教廷军队及其法国盟友打退。就是在此次战役中，萨拉里奥桥化为石砾。

罗马最终于1870年9月20日被意大利军队占领。次年，意大利在维托里奥·埃马努埃莱二世国王的领导下统一。萨拉里奥桥于1874年重建，后来被拓宽，以适应20世纪汽车交通的需要。今天它是SS4国家级公路上一个相当不起眼的部分。

当前时代的问题不能通过演讲和多数表决来解决……而需要铁和血。

——奥托·冯·俾斯麦，1862 年 9 月

俾斯麦

意大利的统一战争再加上 19 世纪 50 年代克里米亚战争的后续影响，打破并重塑了欧洲列强之间的关系。19 世纪 60 年代，最显而易见的赢家是普鲁士王国和那位魔法师般的政治家，“铁血首相”奥托·冯·俾斯麦。

和意大利的情况一样，统一是古代德意志王国范围内诸多邦国的大势所趋。1848—1849 年的一系列革命运动没能促使德意志统一，但 1862 年普鲁士国王威廉一世任命经验丰富的外交官俾斯麦为首相之时，俾斯麦的最高目标就是建立以普鲁士为核心的统一的联邦制德国。

俾斯麦是才华横溢的外交官、手腕灵活的政治家和积极进取的军事领袖。在随后十年里，他于欧洲大显身手，领导了三场战争，让普鲁士军队快速打败了几个邻国，而且几乎是完胜。1866 年，普鲁士在萨多瓦（今天的捷克共和国境内）战役中打败奥地利，吞并了一些德意志小邦。同年，俾斯麦遇刺，被枪击五次，但逃过一劫。

1870—1871 年，普鲁士大败法国，为德意志统一搭好了舞台。威廉一世加冕为皇帝，俾斯麦担任帝国宰相。右页这张照片拍摄于俾斯麦的晚年，当时他已经是那一代人当中最卓越的政治家。他一直任职到 1890 年代，而他的传奇还要延续很长时间。

大清國當今慈禧端佑康頤昭豫莊誠壽恭欽獻崇熙聖母皇太后
光緒癸卯年

慈禧太后

在饱受战争打击的清朝宫廷，另一位精明的政治家在攫取权力，她就是慈禧太后。她是咸丰皇帝的主要妃子之一，也是同治帝的生母。

屈辱的第二次鸦片战争爆发后，咸丰皇帝逃离北京，后于1861年8月驾崩。慈禧太后和咸丰皇帝的正妻慈安太后联手，在宗室支持下发动政变，夺取政权，以五岁的同治皇帝（1861—1875年在位）和后来的光绪皇帝（1875—1908年在位）的名义治理国家。

慈禧太后和慈安太后垂帘听政，因为传统不允许女性参加男性官员的会议。尽管遇到诸多不便，慈禧太后还是表现出天生的统治才干，比慈安太后能干得多。在19世纪60年代和后来好几个关键时期，她鼓励对西方科技和教育持开放态度。但这往往与她的保守本能相抵触，而她的专制风格经常导致她与身边的人发生争吵。

左页慈禧太后的这幅照片拍摄于1903年，也就是她去世的五年前。拍摄者是外交官的儿子和业余摄影师勋龄。尽管拍摄照片的时候慈禧太后已经统治中国约四十年，她的威严显然没有因为年龄而衰减。

我希望接见到中国来的高贵的洋人，却不愿轻易接见一个平常人。

——慈禧太后（根据勋龄的妹妹裕德龄的说法，她是皇宫的女官）

为了将来 / 应对必须应对之事 / 我们的全民 / 必须学习 / 行走至诚之道。

——明治天皇的诗作

旭日东升

和中国一样，当时的日本也由皇帝统治，但日本天皇长期以来只是傀儡。自 16 世纪末以来，天皇隐遁在京都的皇宫，朝政由幕府将军把持。将军是出自德川氏的封建军事独裁者，在全日本范围内将权力下放给大名。大名就是控制各藩的领主。

到 19 世纪 60 年代，德川幕府逐渐丧失对权力的掌控，日本传统的闭关锁国政策逐渐瓦解。1854 年，美国海军准将马修・C. 佩里指挥的炮舰强迫日本人接受一项通商条约，强行打开了日本的门户。

左边这幅于 1863 年拍摄的照片是费利切・贝亚托记录日本生活美丽场景的照片之一，表现的是日本西南部萨摩藩的武士。1867 年，萨摩藩及其附近的长州藩的权贵领导了一场反对幕府将军德川庆喜的起义。这是一场革命。

这年 11 月孝明天皇驾崩后，他十四岁的儿子睦仁继位。倒幕运动的领导者宣布，日本政权将从将军手中返还给天皇，日本的政治中心也迁往江户（后更名为东京）。这就是所谓的“明治维新”（明治的意思是开明的统治），日本的政策转向对外开放、有限民主、工业化和采用西方技术，同时保留东方的社会价值观。

解放

俄国沙皇亚历山大二世在1856年表示："上层主动废除农奴制，总比等着下层起来废除它要好。"他指的是俄国社会的封建结构。帝国全境的千百万农民处于一种合法奴隶制的压迫之下：他们被束缚在自己生活的土地上，被迫为地主劳作；地主占有农奴的身体和灵魂；农奴不能拥有土地，不能按照自己的心愿结婚，不能在法庭申诉，也没有选举权。

农奴制自1649年就出现在俄国了，但到19世纪60年代时，很多人，包括沙皇，觉得已经无法再为农奴制辩护，因为它违背道德，在经济上也不划算。于是，亚历山大二世在1861年颁布了详细的长篇解放诏书，解放了超过2000万俄国农奴，向曾经的农奴授予财产和法律权益。

这种看似慷慨大方的举动为亚历山大二世赢得了"解放者"的绰号。不过，黎明并未降临。政府允许农民购买的土地很少，并且往往质量很差。封建领主制被一种新的地方政府体系取代，实质上继续将农民束缚在自己的村庄里。解放农奴肯定是了不起的成就，并且没有因此发生内战、大规模动荡或出现无政府状态，但这些改革之后并没有发生一整套的大规模社会变革，所以并没有真正改善俄国人民的生存状态。亚历山大二世的不完整革命的后果很快就会清楚地显现出来。

我给了俄国农奴土地和个人自由，林肯总统的宣言解放了美国的黑奴。我做的比美国更多。

——沙皇亚历山大二世，1879年8月17日正如达尔文发现了有机自然界的发展规律，马克思发现了人类历史的发展规律。

——弗里德里希·恩格斯在马克思墓前的讲话，1883 年

《资本论》

19 世纪震撼世界的革命运动为现代史上最受人膜拜也最遭人轻慢的作家之一提供了灵感。他就是德意志的社会科学家、记者、经济学家和社会主义者卡尔·马克思。

19 世纪 60 年代，马克思生活在伦敦，为报纸写稿，并撰写一部关于经济学和历史的鸿篇巨制，即后来的《资本论》。该书的第一卷于 1867 年出版，巩固了马克思作为激进思想家的国际声誉。不过，最初让他扬名的是他与朋友弗里德里希·恩格斯合写的一本短得多的著作，《共产党宣言》(1848 年)。

马克思和恩格斯相信人类社会通过阶级斗争而发展；阶级斗争必然的最终阶段是革命，那时劳动者会觉悟，会理解他们共同的困境，然后奋起反抗，夺取生产资料，建立理想的共产主义社会。这就是马克思和恩格斯的社会分析的基础。

马克思于 1883 年去世，那时他的共产主义理想还没有实现，而受他的著作启发的革命还是几十年之后的事情。右页这张照片拍摄于 1875 年的伦敦，当时马克思来到位于摄政街的约翰·梅奥尔照相馆，拍摄了若干照片。梅奥尔的名人主顾除了马克思还有很多人。此人是 19 世纪 50 年代之后摄影界的知名人士，他的成功作品还包括英国王室的一套照片。

CHINA, GLASS & QUEENSWARE
F. GEUTEBRUCK.
TOBACCO
AUCTION & NEGRO SALES.
LAMP, PINE
8
8

自由与奴隶制

卡尔·马克思写了几十篇专栏文章来探讨1861年至1865年的美国内战。这场叫作南北战争的内战导致数十万人死亡。

美国内战的核心问题是奴隶制。当然还有别的因素，比如工业化、商业化的北方与保守的南方之间的不平衡（南方的经济与生活方式的驱动力量是农业和棉花贸易）。

但奴隶制让这些因素聚焦到一个问题上，到了19世纪60年代，这已经成为最主要的问题：占有黑奴是不是美国公民得到宪法保障的不可剥夺的自由？或者，奴隶制是自由的对立面？

明确反对奴隶制的亚伯拉罕·林肯当选为美国第十六任总统之后，南方七个州于1861年脱离联邦，建立了美利坚联盟国，由杰弗逊·戴维斯总统领导，首都设在弗吉尼亚州里士满。当年4月，南北之间爆发战争。

左边这张著名照片表现的是佐治亚州亚特兰大的一家奴隶拍卖市场。一名身穿联邦军蓝色制服的黑人士兵守卫着这里。乍看上去，这似乎是南方生活的景象。实际上照片的拍摄时间是1864年，南方邦联已经必败无疑。摄影师乔治·N. 伯纳德创作这张照片来评论战争的结局。这场战争当中受影响最大的当然是非洲裔美国人的根本权利。

我们相信，所有白人，不管高贵还是卑微，不管富裕还是贫穷，在法律面前人人平等。但黑人不是这样。黑人天生应当臣服。黑人天生……适合他们在我们的制度里已有的位置。

——南方邦联副总统亚历山大·斯蒂芬斯，

1861年3月21日

对诽谤最好的回应就是真相。

——亚伯拉罕·林肯对陆军部长埃德温·M. 斯坦顿说，1864 年 7 月 14 日

诚实的亚伯

亚伯拉罕·林肯能够成为总统很出人意料，他也是个非凡的人。他仪态笨拙但很有领袖魅力；有丰富的精神生活但对宗教持怀疑态度；自学成才，学识渊博。他于 1809 年出生在肯塔基州的一座小木屋，19 世纪 30 年代开始从政。1861 年，他入主白宫，但此时美国也走到了内战边缘。他就任总统的时候，他的正派品格和朴素言辞已经为他赢得“诚实的亚伯”的绰号。

战争深刻地改变了林肯（亚历山大·海斯勒在 1860 年拍摄了右页这张照片）。林肯痛苦地认识到，要想胜利，唯一的办法是彻底摧毁南方社会及其生活方式。战争也让他对奴隶制的立场更加明确。在 1861 年 3 月 4 日第一次任期的就职演说中，他宣称：“我没有任何打算去直接或间接地干预各州现存的奴隶制。”但不到两年后他就颁布了《解放黑人奴隶宣言》，宣布南方的 300 万黑奴“从今往后永享自由”。

现在绝大多数美国人认为林肯是可以与乔治·华盛顿比肩的伟大总统，但他在任的时候经常遭到冷嘲热讽。他手下的主要将领乔治·B. 麦克莱伦挖苦他是“大猩猩”。伦敦《泰晤士报》说林肯在 1863 年做的一次演讲“沉闷无聊、老生常谈”。但那次演说就是今天几乎每一个美国小学生都要背诵的“葛底斯堡演说”。

葛底斯堡战役

1863 年 7 月 5 日，亚历山大·加德纳和助手蒂莫西·奥沙利文在宾夕法尼亚州的十字路口城镇葛底斯堡周边的田野与丘陵漫游，记录了尸横遍野的景象。在这里，成千上万的美国人死于南北战争期间伤亡最惨重的一次战役。

在 7 月的最初三天，罗伯特·E. 李将军指挥的南方邦联军队被乔治·G. 米德将军指挥的庞大联邦军队打败。激战集中在一些名字很不吉利的地点，如“墓地山脊”和“魔鬼穴”。超过 16.5 万人参加此役。加德纳和奥沙利文拍摄这张照片的时候，已有将近三分之一的参战官兵死亡、垂死、伤残或失踪。

葛底斯堡战役是美国内战的转折点。李将军向北方的入侵被彻底阻止。假如南方邦联军队入侵北方成功，就能以有利于南方的方式缔结和平，南方也许会彻底独立，也许会永久性地保留奴隶制。北方联邦军队在此次胜利的鼓舞下，在米德、威廉·T. 谢尔曼和尤利西斯·S. 格兰特等将军的领导下，逐步走向最终的胜利。1865 年 4 月，李将军在弗吉尼亚州阿波马托克斯投降，北方最终获胜。

加德纳是北方联邦的坚定支持者，随同联邦军队行动。他和奥沙利文拍摄的照片强调了联邦事业的正义性，也突出了战争的残酷。他们的好几张著名照片是摆拍的：同一具尸体的姿态在不同照片中会有变化，他俩还使用了自己的移动照相馆的道具。

人们对战役的描述往往很复杂；但一个简单的词就足够了：残忍！

——亚历山大·加德纳，1866 年

打倒了这样的敌人，我却一点也高兴不起来，因为这个敌人勇敢地战斗了那么久，为了自己的事业付出了那么多牺牲。不过我相信，他的事业是人类曾经为之战斗的最糟糕的事业。

——尤利西斯·S. 格兰特回忆 1865 年南方邦联军在阿波马托克斯的投降

李将军

弗吉尼亚州里士满曾是南方邦联的首都，也是南方最著名的将领罗伯特·E. 李的家乡。李是杰出的战略家，南方人在整个战争期间都把希望寄托在他身上，他的地位甚至超过了邦联总统杰弗逊·戴维斯。

李将军戎马一生。在西点军校时他就是明星，后来参加了 19 世纪 40 年代的墨西哥战争（美国吞并得克萨斯）。他是穷追猛打型的将军，取得了一连串以少胜多的胜利，在七天战役（1862 年）、第二次牛奔河战役（1862 年）、弗雷德里克斯堡战役（1862 年）、钱斯勒斯维尔战役（1863 年）和冷港战役（1864 年）中屡战屡胜。

左页李将军的这张照片是在华盛顿执业的摄影师马修·布雷迪的作品。战争期间亚历山大·加德纳和其他一些摄影师曾为布雷迪工作。布雷迪于 1865 年 4 月 16 日登门拜访李将军，发现他正和儿子 G. W. C. “卡斯蒂斯”· 李（左）和备受信赖的助手沃尔特·H. 泰勒（右）在一起。这幅肖像照片的肃穆气氛反映了那个时代的可怕。七天前，李将军率领他的北弗吉尼亚军团在阿波马托克斯法院向联邦军队将领尤利西斯·S. 格兰特投降。两天前，林肯总统遇刺身亡。

李有句名言：“战争如此可怕，这是好事，否则人们会喜欢战争。”他在美国内战中发挥了重要作用，而这场战争一共夺走了 62 万美国人的生命。

殖民

美国内战的核心问题是奴隶制，而绝大部分黑奴的祖先是从非洲西部被运到美国的。自 19 世纪初起，就有一些美国人主张逆转这个过程。19 世纪二三十年代，一个叫作“美国殖民协会”的团体派遣船只，运送已经得到解放的非洲裔美国人去所谓的胡椒海岸建立殖民地。这种政策虽然出于好意，但也有种族主义色彩。利比里亚就这样建立起来。在那里，混血、信奉新教的统治阶级主宰着非洲本地人。

其中一位新利比里亚人是长老会牧师和记者爱德华·威尔莫特·布莱登（右页照片中最上面一排，最右）。他于 1832 年出生在加勒比海上的圣托马斯岛，1850 年移民到利比里亚。布莱登在利比里亚的知识界颇有威望，后成为外交官、报纸专栏作家和学者。1861 年，他担任利比里亚学院的拉丁文和希腊文教授；他后来还撰写了大量关于埃塞俄比亚主义的作品。埃塞俄比亚主义的主张是，流散在全世界的非洲黑人应当“回家”。

布莱登的这幅肖像照片是他人到中年时拍摄的，此时他已经离开利比里亚，去了塞拉利昂。他肩膀后方的旗帜属于“青年基督教奋进会”（YPSCE），这是美国一个以传播新教和福音为宗旨的传教组织。布莱登对这种思想究竟有多么深的投入，我们无从知晓。他后来坚信，对撒哈拉沙漠以南的非洲人来说，伊斯兰教比基督教更合适。

这似乎是组织和巩固种族的时代。欧洲各种族在努力根据他们的天然亲缘关系团结起来。

——爱德华·威尔莫特·布莱登，

《基督教、伊斯兰教与黑人种族》（1888 年）

CHRIST AND THE CHURCH
YPSCE
Granger Mission
CE
Presbyterian
MIZPAH

美丽的澳大利亚

19 世纪 60 年代，在远离大西洋的地方，另一个正在经历帝国主义扩张的地区也发生了翻天覆地的变化。英国人在 18 世纪认定澳大利亚东海岸是流放犯人的合适地点。到 19 世纪 60 年代时，英国政府已经在澳大利亚吞并了大片土地，供农民、淘金者和其他人定居。他们在澳大利亚建造城市，耕种土地，引进外国劳工。

有些外国劳工是从南太平洋、托雷斯海峡和巴布亚新几内亚的岛屿掳掠来的奴隶。也有人从中国、印度和伊朗自愿到澳大利亚工作，还有一些埃及人和土耳其人驱赶骆驼队穿过澳大利亚的荒野。

和北美的情况一样，澳大利亚的殖民活动导致了殖民者与原住民之间的激烈冲突。原住民在澳大利亚本土和周边岛屿已经繁衍生息了 4 万到 8 万年。左页这张照片显示的是 19 世纪 60 年代到 20 世纪初之间很典型的摆拍的澳大利亚原住民形象，目的是表现传统生活方式与外来的欧洲服饰和风俗的对比。

真相比改换服饰要残酷得多。例如，在 19 世纪 60 年代，墨尔本的立法者制定了《原住民保护法案》，让维多利亚殖民地的总督有权决定澳大利亚原住民应当在何处生活、应当挣多少钱，甚至有权将原住民儿童与其父母分开。

身穿黄色囚服的犯人被送到这个人间天堂，土匪被安顿到这里；也是在这里，在残暴的旧时代，追逐袋鼠的无辜黑人遭到白人的恣意屠杀。

——马克・吐温描述 19 世纪的澳大利亚，1895 年

苏伊士运河

苏伊士运河是一条全长 120 英里的人工水道，在苏伊士地峡处穿过埃及的沙漠地带。构想这项伟大工程的是法国外交官斐迪南・德・雷赛布，目的是连通地中海与红海，从而大幅缩短从西欧去远东的航程。在苏伊士运河开凿之前，从西欧去远东的商船需要绕过非洲最南端。德・雷赛布运用自己在埃及瓦利（总督）穆罕默德・赛义德帕夏那里的影响力，实现了人类连通地中海与红海的长久梦想。1869 年，苏伊士运河正式向各国船舶开放。开放典礼于 11 月 16 日至 17 日举行，第一天是宗教仪式，然后典礼船队驶入运河。按计划，领头的应当是法国皇帝的游艇“雄鹰”号。

苏伊士运河备受争议，对英国人来说也是这样，他们担心它的存在会扰乱英国与印度之间的贸易。英国人没有办法阻止运河的开凿，于是决定在开放典礼上给法国人制造尴尬。按计划“雄鹰”号应当是第一艘驶过运河的船，但在它等待进入运河的时候，英国海军的“纽波特”号故意抢在前头。

在随后的一个世纪里，苏伊士运河对世界局势产生了深远影响。它让全球交通快捷了许多，并开启了欧洲人对非洲兴趣越来越浓厚的时代。非洲对全球贸易的重要性，以及它在殖民主义征服和劫掠面前的脆弱性，即将全面展现出来。

1870 年代

风雨飘摇

我渴望记录眼前的每一幅美景。这种渴望终于得到了满足。

——朱莉娅·玛格丽特·卡梅伦，1874 年怀特岛清水镇有座房屋叫作蒂姆博拉宅邸，得名自它的主人在锡兰（今天的斯里兰卡）的庄园。隔壁住着英国桂冠诗人阿尔弗雷德·丁尼生。屋外的养鸡棚被改为摄影棚，蒂姆博拉宅邸的女主人朱莉娅·玛格丽特·卡梅伦就是在这里开始摆弄照相机的。

卡梅伦于1815年出身于英印上层家庭，四十八岁才开始玩摄影，算是比较晚了。但她是摄影艺术早期最重要的实践者之一。在她手里，相片纸成为肖像的表达媒介，不是简单的记录，而是鲜活的表达。她是艺术家，她的作品洋溢着拉斐尔前派运动（19世纪40年代末创立）的情感。她感兴趣的领域与罗杰·芬顿或亚历山大·加德纳那种明晰的对世俗世界的关注迥然不同。

朱莉娅·玛格丽特·卡梅伦（娘家姓帕特尔）惯于运用柔焦，主题则往往是罗曼司、历史、幻想和神话。即便当她拍摄查尔斯·达尔文那样穿着高领服装、蓄着长胡须的世界名人时，她也能在摄影对象身上找到一些精神性的东西。她曾说，她的目标是发现“人的外在特质和内心的伟大”。她喜欢让摄影对象打扮成传说中的人物或原型，比如亚瑟王传说中的人物或罗马神话中的女神狄安娜。在她的作品《脏僧侣》中，一贯不喜欢别人给他画像或者拍照的丁尼生变成了一位中世纪的胡须浓密的学者。

卡梅伦的摄影生涯短暂却很有影响力。1863年，她的儿女送给她一台照相机作为礼物，她才开始摄影。大约在1875年她和丈夫查尔斯·海伊·卡梅伦（比她年长二十岁）离开怀特岛搬回锡兰之后，她就不再摄影了。她于1879年去世，在摄影领域留下了不可磨灭的印记。和一小群志同道合的朋友（包括奥斯卡·古斯塔夫·雷兰德和《爱丽丝梦游仙境》的作者刘易斯·卡罗尔）一起，她引领了摄影的发展，推动它成为一种真正的艺术形式。

卡梅伦最喜欢的两位摄影对象是她的外甥女茱莉娅·杰克逊（后来成为作家弗吉尼亚·伍尔夫的母亲）和梅·普林塞普。卡梅伦在19世纪六七十年代为她俩拍摄了大量照片。第76页照片中是打扮成16世纪末罗马贵族少妇贝亚特丽切·倩契的梅·普林塞普。倩契人生很悲惨，因为杀死了虐待她的父亲而闻名。

1870年

6月 西班牙女王伊莎贝拉二世正式退位，最终导致了第三次卡洛斯战争。

7月 普法战争爆发。

9月 法国皇帝拿破仑三世退位，法兰西第三共和国宣布成立。巴黎围城战开始。

1871年

1月 普鲁士国王威廉一世在凡尔赛加冕成为德国皇帝。后来，俾斯麦成为新的德意志帝国的宰相。

3月 巴黎公社建立，两个月后被政府镇压。

10月 芝加哥的很大一部分毁于火灾。

11月 亨利·莫顿·斯坦利在坦噶尼喀湖附近找到失踪的探险家戴维·利文斯通医生。

1872年

3月 黄石国家公园在美国怀俄明州、蒙大拿州和爱达荷州建立。

3月 在英国，第一届足总杯总决赛举行。

1873年

1月 拿破仑三世在流亡期间去世。

5月 考古学家海因里希·施利曼在他相信是特洛伊古城遗址的地方发掘出“普里阿摩斯的宝藏”。

5月 维也纳股市暴跌，引发世界性的金融崩溃，最终导致“长期萧条”。

1874年

12月 阿方索十二世成为西班牙国王，第一共和国终结。

她和好几个兄弟姐妹因为这桩罪行被教宗克雷芒八世下令斩首。

卡梅伦最早于1866年印制了这张照片，通过照相机镜头讲述贝亚特丽切·倩契的故事，并用硝酸银和蛋白来处理。倩契的哥特风格故事很适合19世纪70年代：在这十年里，恐怖和美好的事物难解难分。

19世纪70年代的某些事件简直就像出自中世纪。在罗马，教宗庇护九世特别漫长而倒行逆施的任期快结束了。他在任期间与世俗统治者发生战争，并确立了“教宗无谬误”的教义。在西班牙，卡洛斯派王位觊觎者认为自己被不公正地剥夺了王位，为了夺回宝座不惜发动战争。法国被普鲁士打败之后，巴黎市民拿起武器，宣布建立一个市政公社，最后他们遭到大规模屠杀，这足以与巴黎历史上最血腥的事件相提并论。

但这十年里也有一些很有现代色彩的进展。工业资本主义的无形网络将世界经济越来越紧密地联系在一起，但世界经济在这个时期发生了史上最严重的集体衰退。这个事件被称为“长期萧条”。在美国，内战导致大片地区十室九空、满目疮痍。安德鲁·约翰逊、尤利西斯·S. 格兰特和拉瑟福德·B. 海斯的政府在南方遇到战后重建的严峻挑战。在西部，美国政府开始勘探荒野的矿藏以及勘察地形。对大自然的调研和开发将会加剧美国政府与土著居民的暴力冲突。

在非洲，戴维·利文斯通医生和亨利·莫顿·斯坦利那样的英国探险家开始为非洲内陆绘制地图，不过他们英勇的探索之旅与欧洲列强攫取非洲土地和财富的过程是分不开的。在阿富汗首都喀布尔，英国和俄国之间的“大博弈”导致街头血流成河。从巴尔干半岛到达达尼尔海峡，俄土战争也杀得血流成河。

与此同时，艺术家们，从气度恢宏的老诗人丁尼生到小说家列夫·托尔斯泰伯爵，再到卡梅伦那样的肖像摄影师，则在继续努力理解这个世界。卡梅伦的家庭背景有帝国主义色彩，她的手段是现代的，情感则是中世纪的。她从自己的圣殿——英吉利海峡中一个小岛的养鸡棚——记录着这个处于微妙平衡中的世界。

1875年

11月 英国购买埃及在苏伊士运河的股份。

1876年

3月 亚历山大·格雷厄姆·贝尔进行第一次电话通话，让他的助手沃森过去见他。

6月 小大角战役，拉科塔苏族和夏延族武士打败美国的一支骑兵部队，乔治·阿姆斯特朗·卡斯特阵亡。

11月 波费里奥·迪亚斯当选为墨西哥总统。

1877年

4月 俄土战争爆发。

4月 列夫·托尔斯泰的《安娜·卡列尼娜》在三年的连载之后首次推出完整版。

1878年

2月 爱迪生为留声机申请专利。

2月 教宗庇护九世去世。他在位三十一年，是圣彼得之后在位时间最久的教宗。

11月 开伯尔山口爆发冲突，第二次英国-阿富汗战争开始。

1879年

1月 英国-祖鲁战争爆发，罗克渡口战役打响。

10月 爱迪生演示电灯泡，后来为其申请专利。

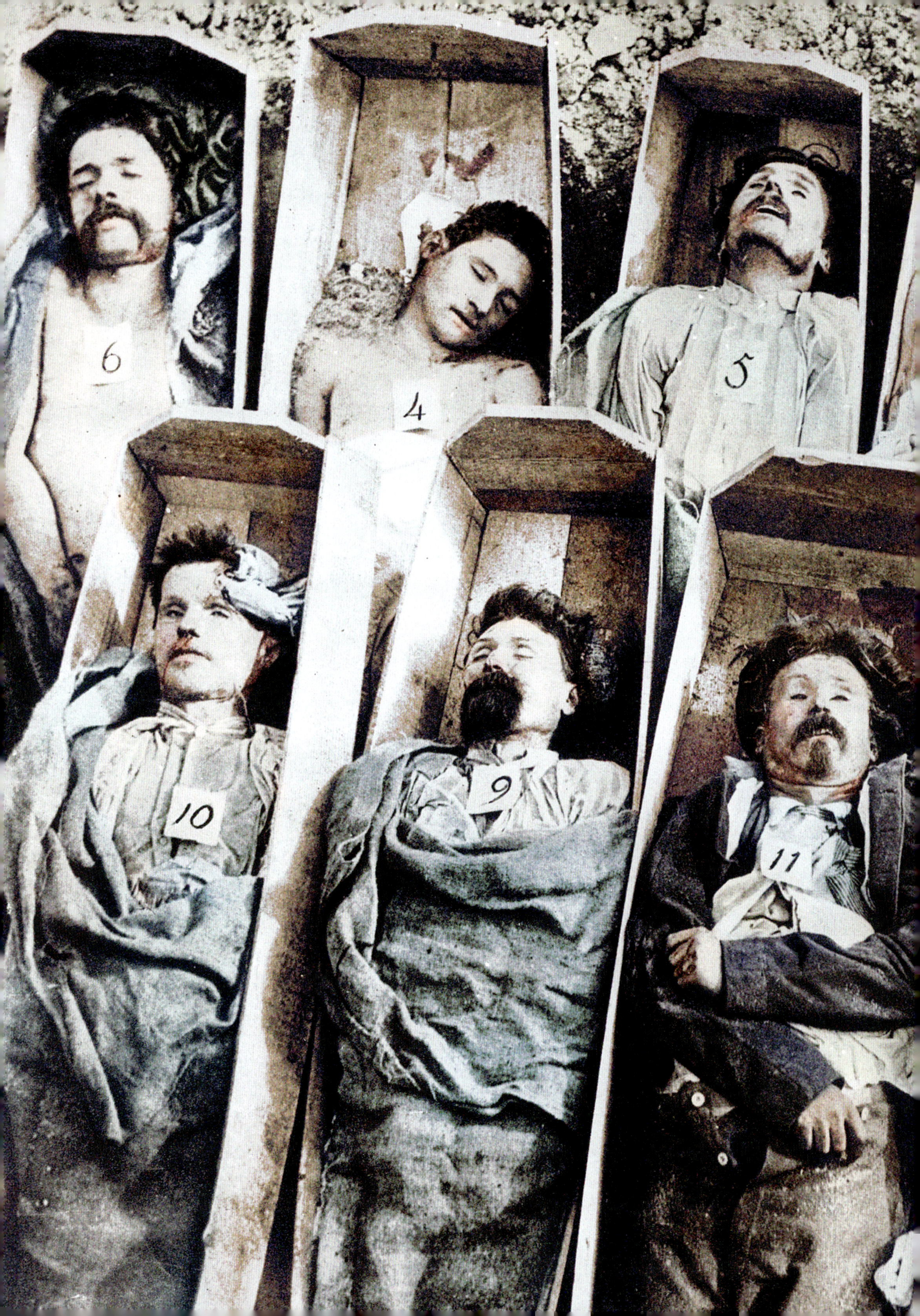
6
4
5
10
9
11

7
8
4
2
3
1

请看看巴黎公社。这就是无产阶级专政。

——弗里德里希·恩格斯给卡尔·马克思《法兰西内战》写的后记

巴黎公社

1870年7月，人们早有预料的普法战争终于爆发。几天之内，战局就清楚地表明，奥托·冯·俾斯麦首相领导下的普鲁士军队比法国军队强大得多。拿破仑三世已经上了年纪，病魔缠身并且头脑糊涂，被普军俘虏后囚禁在德意志。法兰西第二帝国就此灭亡。法国组建了新政府，即第三共和国，继续展开对普鲁士的战争。但到1871年1月，巴黎已经被普军围攻了四个月之久。法国最终投降，被迫忍受普鲁士国王威廉一世在凡尔赛宫加冕为新统一的德国的皇帝。

被围期间，防守巴黎的是法国国民自卫军，这是一个越来越激进的民兵组织。3月，德国军队仍然驻扎在巴黎周边，城内气氛紧张，冲突一触即发。3月18日，法国政府试图从巴黎城防工事撤走火炮，遭到群众的武装抵抗。八天后，巴黎市民通过选举成立了一个公社。这是一个革命性质的社会主义政权，它下令构筑街垒，让已经扩充的国民自卫军的预备役军人防守街垒。巴黎公社坚持了两个月，直到法国正规军于5月21日攻入巴黎。在“血腥的一周”中，巴黎公社遭到镇压。房屋熊熊燃烧，政府军大规模处决公社战士，在严酷的背景下恢复了秩序。前面这张著名照片的作者据说是安德烈－阿道夫－欧仁·狄德利，表现的是十二名被杀死然后掩埋到集体墓穴的公社战士。总计有6000到1万名公社战士死亡。

卡洛斯战争

在普法战争正缓慢终结法兰西第二帝国时，有关王位继承的争端也将西班牙卷入战争之中。

1833年西班牙波旁王朝的国王斐迪南七世驾崩后，王位继承的问题引发争议。西班牙出现了两个分庭抗礼的王室。一方是斐迪南七世的女儿伊莎贝拉二世女王，另一方是斐迪南七世的弟弟卡洛斯的后代。卡洛斯派拒绝接受女性君主。他们代表传统、保守的价值观，坚持认为卡洛斯的后代才是西班牙的合法国王。

右页这张照片中的人物是马德里公爵卡洛斯，他是19世纪70年代卡洛斯派的正式王位竞争者。他距离登上王座只有一步之遥。1870年发生了自由主义的起义，伊莎贝拉二世被迫退位。取代她的是一位不受欢迎的意大利王子，西班牙议会选举他为阿玛迪奥一世，但他于1873年年初退位。随后共和政府统治了22个月，直到1874年12月底波旁王室复辟，伊莎贝拉二世的儿子阿方索十二世登基。

在动荡期间，所谓的卡洛斯七世（即马德里公爵卡洛斯）想方设法给西班牙制造麻烦，煽动加泰罗尼亚和巴斯克的分离主义，并组织一支志愿军，开展游击战。1873—1875年，卡洛斯派拥有数千甚至数万人的军队。

尽管打赢了几场重要的野战和围城战，卡洛斯还是在1876年向更强大的西班牙政府军认输，然后流亡到法国。从1881年开始，他还自称是法国的合法国王，称号为查理十一世。他于1909年去世，至死也没有获得西班牙或法国的王位。不过，卡洛斯派继续推行他们的主张，后来在西班牙内战期间加入了佛朗哥将军一方。

俄土战争

在西班牙陷入内战、法国抵抗普鲁士侵略的同时，东欧则在忍受俄国与奥斯曼帝国长期斗争的摧残。

19 世纪 70 年代，两国的矛盾集中在巴尔干半岛。1875—1876 年，奥斯曼帝国统治下的保加利亚、罗马尼亚、塞尔维亚、黑山、波斯尼亚和黑塞哥维那发生了一系列起义和局部战争，起义者遭到奥斯曼帝国的残酷镇压。

巴尔干半岛的起义者得到欧洲许多国家的同情，尤其是在奥斯曼帝国对保加利亚平民犯下累累罪行的消息传出之后。俄国觉得这是个机会。沙皇亚历山大二世越来越确信，与克里米亚战争不同，这一次其他欧洲强国不会支援奥斯曼人。于是沙皇在 1877 年宣战，派遣军队在两条战线攻击土耳其：在西线，俄军渡过多瑙河发动进攻；在东线，俄军翻越高加索山脉向前推进。

左边这张照片表现的是土耳其帝国近卫军，他们负责保卫奥斯曼帝国的核心地带。在 1877—1878 年的战争中，奥斯曼帝国成了输家。1878 年 3 月，俄军威胁到君士坦丁堡，奥斯曼人不得不同意签订《圣斯特凡诺条约》。根据该条约，罗马尼亚、塞尔维亚、黑山和波斯尼亚脱离奥斯曼帝国获得自由，同时在俄国的保护下建立了庞大的保加利亚大公国。

巴尔干起义和俄国的胜利大幅度改变了该地区的力量平衡。但要到 20 世纪初，这种力量平衡变化的后果才会清楚地体现出来。

幸福的家庭都是相似的，不幸的家庭各有各的不幸。

——列夫·托尔斯泰，《安娜·卡列尼娜》

（1875—1877 年）

列夫·托尔斯泰

列夫·尼古拉耶维奇·托尔斯泰伯爵的小说《安娜·卡列尼娜》在结尾部分提到了俄土战争。这部小说于 1875—1877 年在《俄国先驱》杂志连载，后来被视为现代文学的一部杰作。

《安娜·卡列尼娜》的主题是女主人公安娜·卡列尼娜的生活、婚外情和死亡。但和托尔斯泰的其他许多作品一样，这部书探讨的话题范围极其广泛，真正的主题是俄国本身：它的人民、政治、困境和灵魂。（他曾写道："真理才是我的英雄。"）十年前，托尔斯泰在同一家杂志发表了《战争与和平》（1865—1867 年），这是一部描写拿破仑战争时期俄国贵族生活的全景式史诗。在《战争与和平》之前，他曾在《塞瓦斯托波尔纪事》（1855 年）中描写过克里米亚战争。

托尔斯泰极其多产，上述作品仅仅是他作品中的一小部分。他生于 1828 年，二十多岁就成名，在漫长的一生中闻名遐迩。左边这张照片是在 1910 年，也就是他去世前不久拍摄的，他正在给孙辈伊利亚和索尼娅讲一个关于种满了黄瓜的菜园的故事。

托尔斯泰的时代是文豪辈出的时代。在俄国，与他同时代的作家包括伊凡·屠格涅夫、费奥多尔·陀思妥耶夫斯基和安东·契诃夫。在俄国之外，还有乔治·艾略特、托马斯·哈代、维克多·雨果、古斯塔夫·福楼拜、埃米尔·左拉、亨里克·易卜生、赫尔曼·梅尔维尔、马克·吐温和亨利·詹姆斯这样的伟大作家。他们每个人都用自己的方式体验了 19 世纪中后期，并用笔墨让这个时期不朽。

为了让多数人不流血，让少数人流血是可以接受的。

——波费里奥·迪亚斯接受采访时的话，1908 年

波费里奥·迪亚斯

如果波费里奥·迪亚斯是俄国人，托尔斯泰说不定会把他写到自己的小说里。

迪亚斯于 1830 年出生于墨西哥，幼年接受神学教育，为当神父做准备。但在 19 世纪 40 年代，他放弃了教会生涯，先学法律，后来从军。他参加了 1857—1860 年的所谓墨西哥改革战争的内战。1861—1867 年，当法国皇帝拿破仑三世在墨西哥扶植了一个傀儡统治者、把墨西哥变成臣服于法国的帝国时，迪亚斯再次投身战事。

在法国人被逐出墨西哥之时，迪亚斯已经晋升为将军。不过，他还会攀登得更高。19 世纪 70 年代，他领导了反对塞瓦斯蒂安·莱尔多·德·特哈达总统的反对派，在 1876 年的特克阿克战役中打败特哈达，并迫使后者流亡。次年，迪亚斯正式当选为墨西哥总统。他在 1876—1880 年和 1884—1911 年担任了七届总统。这个时代被统称为“波费里奥时代”。

迪亚斯总统对外打开了墨西哥的大门，吸引外国投资，维护教会与政府之间的和平关系，并致力于推动墨西哥经济的现代化。不过，他的统治是一种威权统治，政府中腐败横行，任人唯亲，只有一小群墨西哥人从中受益。1910 年，在他为自己准备第八届任期的时候，革命爆发，迪亚斯被推翻，并且推翻他的人用的手段和他当年夺权时一模一样。

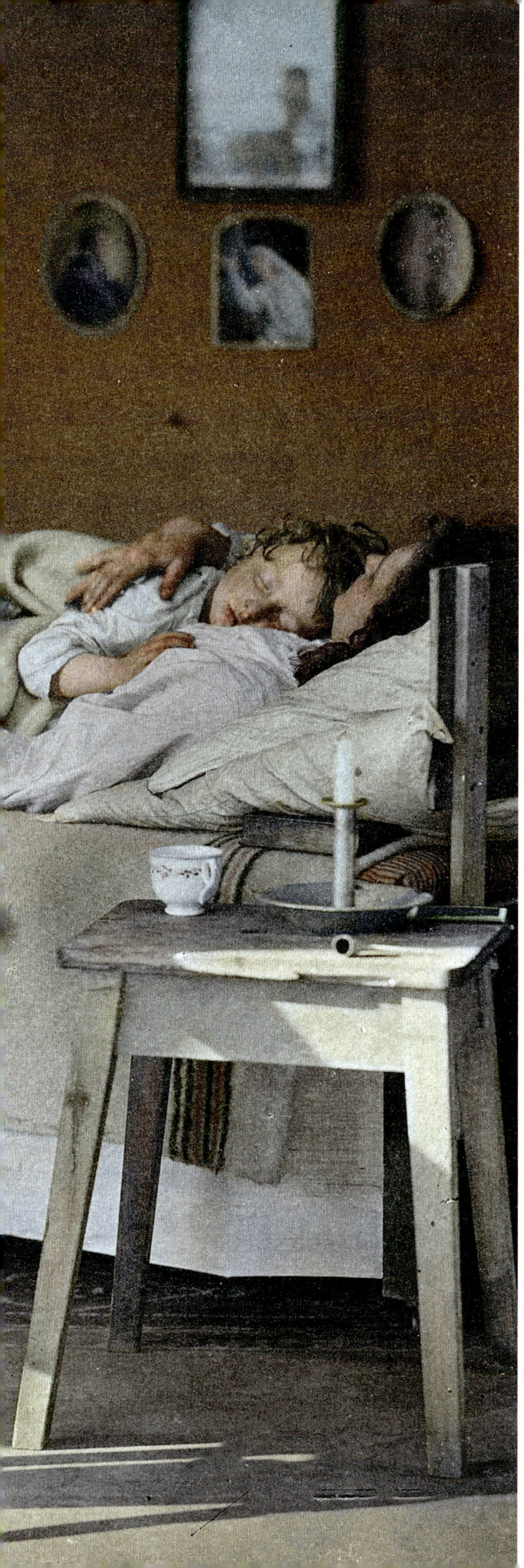

长期萧条

波费里奥统治下墨西哥的经济发展虽不平衡却很稳定，这在当时的世界大环境里显得很突出。当时全球经济陷入不景气，史称“长期萧条”。

“长期萧条”经常被描述为第一次真正的国际经济危机，在 20 世纪 30 年代的全球性崩溃到来前都被称为“大萧条”。它的起因是被称为“1873 年恐慌”的一系列金融崩溃。崩溃从 1873 年 5 月 9 日维也纳股市的暴跌开始。

维也纳的经济危机迅速蔓延到海外金融市场，凸显出由工业资本联系起来的各国经济之间高度的相互依赖。市场恐慌导致银行倒闭、铁路公司破产。英国和美国受到的打击最沉重，不过从 1873 年开始很多国家都经历了股价暴跌、工资骤减和失业人数猛增的情况。1878—1879 年世界经济开始复苏，但直到 19 世纪 90 年代，很多国家仍然能感受到“长期萧条”的影响。

左边这张照片概括了当时困难重重的景象。摄影师是出生于瑞典但在英国工作的奥斯卡·古斯塔夫·雷兰德，他于 1875 年去世。这张照片的标题原为《艰难时世》，即查尔斯·狄更斯于 1854 年出版的小说的书名，不过后来雷兰德将标题改为《一张灵性的照片》。照片中，一名失业的木匠在为妻儿的生计发愁。雷兰德是多种摄影艺术手法的先驱，经常把好几次曝光的内容以蒙太奇手法拼接起来。在这张照片的原始版本中，他添加了第二个比较模糊的层次，表现的是木匠把手放在妻子头上，而他们的孩子则在他脚边祈祷。

我很愿意在生命中的每一天都打一场战役……

——乔治·阿姆斯特朗·卡斯特

卡斯特的最后一战

“长期萧条”和内战之后的重建让美国在 19 世纪 70 年代举步维艰。美国政府与印第安人部落之间的战争令形势愈加复杂。19 世纪 70 年代发生了一系列戏剧性的冲突，人称“苏族大战”，时间是 1876—1877 年，地点是南达科他州和怀俄明州的黑山周边地区（1874 年有人在那里发现了金矿）。

美军第 7 骑兵团的乔治·阿姆斯特朗·卡斯特中校是这场战争的一位著名死者。他是内战老兵，右页照片中的军服显示的是他在战时获得的少将荣誉军衔。卡斯特是个高调浮夸的人，他的浪漫外表、大无畏的勇气和喜好追逐女性的生活方式让他闻名全国。

黑山的金矿是卡斯特领导的探险队发现的。这位好战的军官在驱逐土著的军事行动中发挥了重要作用。政府军将土著从白人矿工工作的地区赶走，将拉科塔和达科他的苏族、夏延族和阿拉帕霍族印第安人从黑山驱赶到印第安保留地。卡斯特的军事行动最终取得成功，不过他本人为此付出了生命的代价。在 1876 年 6 月 25 日的小大角战役中，卡斯特及其部下被苏族和夏延族部落武士组成的大军消灭。这支部落大军的领导者包括著名的酋长坐牛和疯马。卡斯特的整个营被包围在一座山上，全军覆没。这就是所谓的“卡斯特的最后一战”。唯一的幸存者是一匹名叫科曼奇的马，它寿命很长，一直活到了 1891 年。

战后重建

美国内战之后的重建不仅仅是掩埋死者、重建遭到炮火破坏的城市和乡村。要把破碎的联邦复原，还有法律、政治和文化上的艰巨任务要完成。

一般来讲，重建年代从 1863 年开始，到 1877 年结束。1863 年，亚伯拉罕·林肯总统开启了接纳叛乱各州重回联邦的程序，希望借此加速和平的到来。1877 年，根据一项旨在确保拉瑟福德·B. 海斯当选总统的协议，联邦军队从南方各州撤离。

重建年代的最紧迫问题之一是如何安置数百万曾经的奴隶。美国宪法第十三修正案解放了他们，废止了奴隶制（除非是作为对犯罪分子的惩罚）；第十四修正案赋予曾经的奴隶平等的公民权；第十五修正案向其中的男性授予选举权。法律得到了改革，但因为战争的经历，很多地方的人对种族和平等问题的态度却变得更加强硬。因此，重建是一场艰苦卓绝的斗争，一方是努力促成民族和解的美国人，一方是那些对未来抱有极端理念的人。

左边这张照片是重建期间或之后不久在南卡罗来纳州贝尔顿市拍摄的，表现的是得到解放的奴隶。贝尔顿市是依赖棉花加工业建立起来的，南卡罗来纳州则是内战第一枪打响的地方。

我知道笼中鸟为何歌唱 / 当他的翅膀受伤、他的胸膛疼痛……

——保罗·劳伦斯·邓巴，《同情》（1895 年）

天才是百分之一的灵感和百分之九十九的汗水。

——托马斯·爱迪生（据说出自他之口）

托马斯·爱迪生

很少有人能像托马斯·阿尔瓦·爱迪生那样完美地代表内战之后美国的开拓进取精神。他是伟大的发明家，幼年就对电报机和通信技术饶有兴趣，后来走上了似乎永无止境的创新之路。

爱迪生于1847年出生于俄亥俄州，虽然只接受了非常基本的正规教育，但自幼充满好奇心和进取心。他十几岁的时候就开始担任电报操作员，经常因为未经许可就拿设备做试验而惹麻烦。

试验很快让位于发明创造。爱迪生一生获得了超过1000项专利。他发明了电灯泡、活动电影放映机、碱性电池和留声机。前面这张照片就是他和一台留声机的合影，摄于1878年，摄影师是马修·布雷迪。

这种留声机的原型是爱迪生为一种长途电话系统所做的设计。留声机能将声音录制到一种圆筒上，以后可以再播放。留声机激发了美国人和全世界人的想象力，让爱迪生扬名四海、获得大笔投资，也让他得以满怀自信地追寻自己其他方面的兴趣，从金属矿石的工业化处理技术到X光技术，再到电影行业。他一辈子充满了探索精神，1931年去世时已经被誉为美国天才中的巨人。

斯坦利和“卡露露”

如果说爱迪生是那个时代最伟大的发明家之一，那么亨利·莫顿·斯坦利就是当时最具冒险精神、性格也最古怪的人之一。他于1841年出生在威尔士一个贫困的文盲家庭，青年时代当了水手，后来到了美国，在美国内战期间先为南方邦联作战，后来为北方联邦军队效力。

战争结束之际，他当了逃兵，脱离美国海军，之后成为记者，并在几年后一举成名。《纽约先驱报》的詹姆斯·戈登·贝内特派遣他去非洲寻找失踪的传教士和探险家戴维·利文斯通医生。

虽然成功的希望很渺茫，斯坦利还是于1871年在坦噶尼喀湖附近找到了利文斯通。据说斯坦利当时是这样问候他的：“您想必就是利文斯通医生吧?”右页这张照片是斯坦利返回英国宣布自己取得成功不久之后拍摄的。起初人们不相信他的话，对他冷嘲热讽。伦敦摄影公司给他拍摄了这张与小男孩恩杜古·莫哈里的合影。斯坦利给他取名为“卡露露”，让他当自己的仆人和伙伴，两人一起度过了好几年。

斯坦利后来多次返回非洲。在1877年的一次探险期间，卡露露在一处瀑布坠入刚果河溺死。斯坦利给这座瀑布取名为“卡露露瀑布”。19世纪80年代，斯坦利离开报社，为比利时国王利奥波德二世效力。斯坦利帮助这位国王在非洲赤道地区的刚果盆地攫取了大片土地。就这样，斯坦利成为欧洲列强“瓜分非洲”早期历史当中的一位重要人物。

塞奇瓦约国王

在刚果以南遥远的地方，祖鲁国王塞奇瓦约·卡姆潘德正在为他的生命和王国而战。这两样都受到了严重威胁。他的敌人是英国人，他们希望将自己在非洲南部的若干殖民地强行组成一个联邦。这些英国殖民地包括开普殖民地和布尔人的德兰士瓦省，这两块殖民地都与祖鲁王国接壤。

开普殖民地的主要战争煽动者是殖民地管理者亨利·巴特尔·弗里尔爵士，他认为要保障英国殖民地的安全，必须消灭祖鲁王国。1879 年 1 月，他刻意炮制了开战借口，派遣数千英军入侵祖鲁王国。

塞奇瓦约的人民顽强反抗英军的侵略，于 1 月 22 日在伊散德尔瓦纳战役中击溃一支全副武装的英军纵队，随后攻击了传教士基地罗克渡口的少量英国驻军。这股英军坚守 11 个小时，击退了祖鲁人。罗克渡口之战很快成为传奇。

左页塞奇瓦约的这张照片拍摄于 19 世纪 70 年代中期。对他来说悲哀的是，上述战役是他事业的巅峰，之后他就走下坡路了。1879 年 7 月，英军增援部队抵达并焚毁了祖鲁王国的首都乌伦迪。塞奇瓦约被俘并被流放到开普敦。他的王国被他的政敌和英国人瓜分。

1882 年，塞奇瓦约来到英国，希望通过谈判恢复自己的国王地位，但他的国家已经大乱。他于次年返回祖鲁王国时，发现王国陷入了内战。他被迫再次逃亡，最后于 1884 年去世。很多祖鲁人相信他是被毒死的。

我凝视过阿伽门农的面庞……

——海因里希·施利曼，1876 年

迈锡尼 ▶

海因里希·施利曼感兴趣的是古代而不是现代的战争。这位精力充沛、雄心勃勃的德国考古学家在 19 世纪 70 年代初期的大部分时间里，都在今天土耳其西北部的希沙利克发掘古迹。他相信自己在那里找到的就是荷马时代古城特洛伊的遗址。

19 世纪 70 年代中期，施利曼从希沙利克偷偷运走一批古代黄金工艺品（称为“普里阿摩斯的宝藏”），因此与奥斯曼政府发生法律纠纷。于是，施利曼在 1874—1876 年将注意力转向图中的遗址，即希腊的迈锡尼。他在这里的研究对象也出自《荷马史诗》。他在寻找阿伽门农及其妻子克吕泰涅斯特拉的坟墓。《伊利亚特》里记述了他们的事迹。

施利曼发现的是一系列青铜时代的防御工事和王室陵墓，其中有惊人的宝藏，包括一张精美的黄金死亡面具。他相信这张面具属于阿伽门农，但后来研究者们发现这批宝藏比特洛伊战争的时间（公元前 12 或前 11 世纪）还要早几个世纪。

1878 年，施利曼返回希沙利克继续发掘，后来在伯罗奔尼撒半岛的梯林斯考古。他于 1890 年去世。施利曼经常受到诟病，因为他的手法有时对古迹造成了破坏，有时他在学术方面不够诚实，并且他几乎始终在自我吹嘘。不过，他宣传和普及自己工作的才华让他扬名世界。他是典型的好莱坞式考古学家和冒险家（比如后来的印第安纳·琼斯）的先驱。

英国－阿富汗战争

在中亚，英国领导的军队卷入了一场殖民地战争，那里的环境与祖鲁大不相同。阿富汗与英属印度接壤，构成英国与俄罗斯帝国势力之间的缓冲地带和分界线。俄国与英国在该地区争夺影响力的斗争被称为“大博弈”。

1839—1842 年，英国和印度军队试图在阿富汗首都喀布尔推动政权更迭，最终失败，导致数千人丧生。1878—1880 年发生了第二次英国－阿富汗战争，左边这张照片就是在此期间由约翰·伯克拍摄的。伯克是出生于爱尔兰的摄影师，随同英印军队再度进军喀布尔，这一次英国的目标仍然是推翻阿富汗统治者并扶植自己的傀儡。

战争初期，伯克在开伯尔山口的贾姆鲁德要塞城墙下记录了这幅景象。照片中的英国军官塔克上尉（中间坐着不戴帽子的那位）被阿富汗酋长们簇拥着。

1879 年年初英军逼近喀布尔时，埃米尔谢尔·阿里·汗逃往北方，寻求俄国的保护。5 月，英军强迫他的继承者签署了不平等条约《甘大麦条约》。根据该条约，英国可以派遣一个代表团常驻喀布尔。但三个月后，英国特使被哗变的阿富汗军队杀死，之后弗雷德里克·罗伯茨将军指挥的英军占领了喀布尔。谢尔·阿里·汗的儿子领导的反叛于 1880 年 9 月被粉碎，新任埃米尔阿布杜尔·拉赫曼·汗接受了英国控制阿富汗的外交政策。这场短暂但血腥的战争就此结束。

一个小瓦罐被夹在两个金属罐子之间。

——印度副王罗伯特·布尔沃－利顿
在 1878 年时如此描述阿富汗

庇护九世教宗

与考古学家们在希腊发掘历史伟人遗迹同时，罗马的信众在安葬另一位伟人。乔万尼·玛利亚·马斯塔伊·费雷提被世人称为庇护九世。他是圣彼得之后在位时间最长的教宗，也是政治上争议极大的人物。他遵从中世纪传统，而不像现代人。他把自己描绘为像朱塞佩·加里波第那样的意大利民族主义者的受害者（这样的描绘不无道理）。加里波第在庇护九世在位期间曾试图征服教皇国。

庇护九世在位三十一年，提出了很多非常保守、往往有争议的观点，其中最有名的是“圣母无染原罪”的教义（即圣母玛利亚从出现在娘胎里的时候就没有沾染人类的原罪）和“教宗无谬误”（在1869—1870年的第一次梵蒂冈会议上确立，主张在道德和信仰问题上教宗不可能犯错）。庇护九世对火车充满热情，对革命者采取绥靖政策，是个不宽容的反现代主义者，还是政治上的反动派。他的反动措施包括重新设立罗马的犹太人隔离区。

庇护九世是第一位在生前和去世后都留下照片的教宗。在右边这张照片里，他咽气后躺在临终榻上。他去世于1878年2月7日，享年八十五岁。在2000年4月4日他的宣福礼之前，人们打开他的白色石棺，发现他的遗体保存得几乎完好，唇边还带着一丝笑意。

给我一支念玫瑰经的军队，我就能征服世界。

——教宗庇护九世

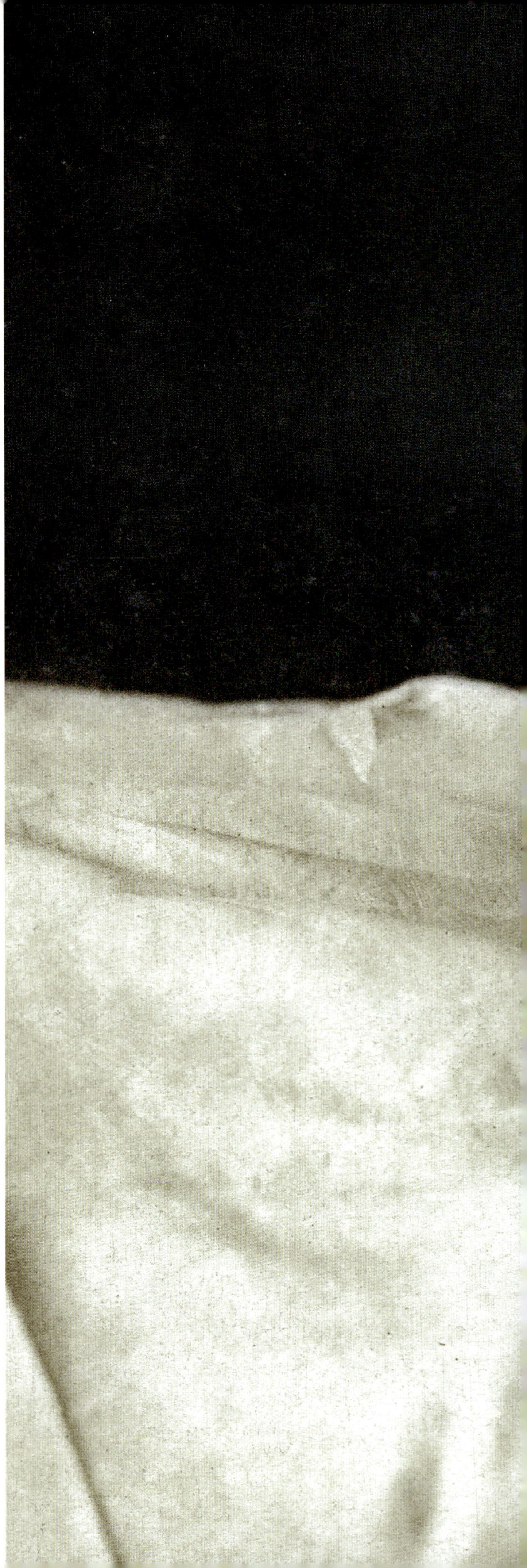

1880年代

创造奇迹

我的人民想要自由的生活。在我看来，白人的东西，无论房屋、铁路、衣服还是食品，没有一样比得上在大自然中按照我们自己的方式生活的权利。

——坐牛，1882 年的一次采访

1885年夏季，北美胡克帕帕印第安部落的酋长坐牛随一个马戏团周游了美国和加拿大。“水牛比尔的狂野西部秀”的节目有驯兽表演、牛仔竞技、神枪手表演和战役重演。据说这些表演都是基于马戏团创始人、人称“水牛比尔”的威廉·弗雷德里克·科迪无比刺激的亲身体验。科迪是边疆开拓者，热情洋溢地吹嘘自己“边民之王”的公众形象。

把五十四岁的坐牛招募到“狂野西部秀”对科迪来说是了不起的成功。胡克帕帕是拉科塔或西部苏族的一个部落，而坐牛是1876年小大角战役中打败并杀死乔治·卡斯特中校及其部下的印第安武士当中最重要的人物。在族民当中，坐牛是勇气和智慧的典范。对广大美国白人公众来说，他则是高贵野蛮人的代表：难以捉摸、充满异国情调、十分危险。

第108页坐牛的这张照片拍摄于1885年，可以看见他的头发里插着一根鹰羽。拍摄者是戴维·弗朗西斯·巴里，他是在达科他开业的摄影师，是科迪的朋友。巴里最喜欢的主题是美国西部，他为很多土著拍过照片，比如红云、美国马和高尔，以及科迪的另一位明星表演者，神枪手安妮·欧克丽。坐牛的族民把巴里称为“小影子捕手”，“小”指的是他个子不高（1.65米），“影子捕手”指的是他能在小小的长方形相纸上创作生动的肖像。

坐牛在科迪的马戏团只工作了一个演出季。1886年，他回到达科他领地的立岩保留地。他的族民被驱赶到那里，作为农民在格兰德河以北的小木屋村庄生活了几年。1890年，麻烦又来了。北方平原的印第安人保留地居民纷纷响应“鬼舞”运动，揭竿而起。鬼舞是一种弥赛亚式的宗教狂热运动，其创始人是一个天真的医者，名叫“伐木者”（也叫杰克·威尔逊），他把基督教千禧年主义和北美土著的仪式结合起来。他告诉追随者，如果他们跳鬼舞并穿上所谓的“鬼衫”，白人就会神奇地从地球上消失。

1880年

6月 澳大利亚银行抢劫犯奈德·凯利被警方逮捕。他于11月被处以绞刑。

12月 第一次布尔战争在非洲南部爆发。

1881年

3月 俄国沙皇亚历山大二世遭炸弹袭击身亡，亚历山大三世继位。

5月 第一条有轨电车路线营业，连通普鲁士军事学院和柏林附近的一座火车站。

5月 克拉拉·巴顿等人建立美国红十字会。

1882年

1月 约翰·D.洛克菲勒秘密建立标准石油托拉斯，从而控制多家互相有联系的公司。

5月 德国、奥匈帝国和意大利缔结三国同盟。

6月 朱塞佩·加里波第去世。

8月 瓦格纳的歌剧《帕西法尔》和柴可夫斯基的《1812序曲》分别在拜罗伊特和莫斯科首次公演。

1883年

3月 卡尔·马克思去世。

8月 荷属东印度的喀拉喀托火山喷发，最初的喷发导致至少4万人死亡。

1884年

10月 国际子午线会议规定格林尼治子午线为经度0度。

11月 柏林会议在俾斯麦主持下召开，目标是管理欧洲列强“瓜分非洲”的殖民运动。

12月 马克·吐温出版《哈克贝利·费恩历险记》。

当时，各个印第安人保留地与美国政府因为粮食分配问题发生纠纷。鬼舞的幻想给了绝望的印第安人一种虚假的希望，所以他们愿意相信这种理念。胡克帕帕人相信鬼舞，坐牛也鼓励他们参加鬼舞运动。美国政府相信土著们在准备新一轮战争，于是决定先发制人，派遣印第安事务管理局的警察进入保留地。12 月 15 日，他们试图在坐牛的小木屋逮捕他。随后爆发枪战，坐牛中弹身亡。

两周后，1890 年 12 月 29 日，在南达科他州的伤膝河发生了印第安战争期间最臭名昭著的屠杀。胡克帕帕和米尼孔朱拉科塔部落有超过 150 名男女和儿童被美军第 7 骑兵团屠杀。北美土著各民族和白人定居者之间的冲突一直延续到 20 世纪 20 年代，但维持大平原印第安人古老生活方式的野牛几近灭绝。印第安人的抵抗越来越弱，越来越徒劳。

贪婪、复仇和文化灭绝的战争就这样悲惨地收场，这种局面不是 19 世纪 80 年代的美国独有的。在非洲，这十年见证了欧洲列强新一轮“瓜分非洲”的残暴殖民运动。比利时国王利奥波德二世的私人领地刚果自由邦发生了一些令人发指的暴行，以及让人几乎无法想象的残酷且反人类的罪行。作家阿瑟·柯南·道尔爵士后来说，比利时人在刚果的罪行是“史上最伤天害理的”。

那个时代还没有即时的全球新闻传播手段，所以美国和欧洲的公民往往不知道这些恐怖事件。在他们眼中，19 世纪 80 年代是建筑奇观的时代，比如纽约的自由女神像和巴黎的埃菲尔铁塔，以及一种新型的多层“摩天大楼”。同样在这十年里，天文学家对天体运行有了新的洞见，国家之间开始在体育赛事中互相竞争。

然而，美国红十字会创始人克拉拉·巴顿那样的人告诉大家，虽然有的人能够对同胞犯下极其凶残的暴行，但也有人无比慷慨和仁慈，愿意为了正义而奋斗。

1885 年

2 月 比利时国王利奥波德二世建立刚果自由邦。

6 月 穆罕默德·艾哈迈德·本·阿卜杜拉（马赫迪）在苏丹反对埃及和英国军队的战争期间死于斑疹伤寒。

1886 年

1 月 卡尔·本茨为他的四冲程发动机汽车申请专利。

5 月 可口可乐在美国上市销售。

10 月 自由女神像在纽约港正式揭幕。

1887 年

6 月 维多利亚女王及大英帝国的忠实臣民庆祝女王的金禧（登基五十周年纪念日）。

9 月 中国的黄河发生洪灾，数十万人丧生。

1888 年

3 月 1888 年大暴雪袭击美国东海岸。

6 月 威廉二世在祖父威廉一世和父亲弗里德里希三世驾崩后成为德国皇帝。

8 月 玛丽·安妮·尼克尔斯的尸体在伦敦被发现。她是“开膛手杰克”的第一个受害者。

1889 年

1 月 奥地利皇太子鲁道夫自杀。

5 月 世界博览会在巴黎开幕，庆祝法国大革命一百周年。本次博览会的最主要展品是崭新的埃菲尔铁塔。

5 月 约翰斯敦洪灾在宾夕法尼亚州造成严重破坏。

有轨电车

轨道街车的历史比电气化更悠久。世界上第一辆载客的轨道街车于1807年在南威尔士开始运行，此后人们用骡马、索轮和蒸汽机等来拖曳轨道街车。到19世纪末，世界各地的许多城市都有轨道街车，这是一种受欢迎并且常见的大众交通工具。

不过，从19世纪80年代开始，有轨电车开始崛起，占据了城市交通的最显赫位置，直到它们在20世纪上半叶让位于汽车和公交车。右边这张照片显示的是世界第一辆有轨电车，它于1881年5月16日在柏林附近的里希特菲尔德开始运营，将当地的火车站与在2.5公里之外新建的普鲁士军事学院连通起来。当时这辆有轨电车一次只能运载20人，通过铁轨获取直流电，后来改为通过电车上方的电缆获取电力。这辆有轨电车是维尔纳·冯·西门子建造的，他的公司在前一年还生产了世界上第一台电梯。

除了电梯和有轨电车，人们还用电力制造磁场，操作电灯、电话，甚至船只。其中很多新发明于1881年秋季在巴黎的国际电力博览会上展出。人们还在博览会上发表科学论文，确定了很多如今已经司空见惯的度量和使用电力的技术手段，包括度量单位（安培、瓦特和欧姆）。所有日常用品都通过电线连接和操作的未来很快就要实现了。

把你那疲惫、困顿、渴求自由呼吸的芸芸众生都给我……

——埃玛·拉撒路，《新巨人》，1883 年

自由女神像

1886 年 10 月 28 日，一个庞大的新地标在纽约港揭幕。美国总统格罗弗·克利夫兰在典礼上说，照耀世界的不是电力，而是自由。自由女神像（正式名称是“自由照耀世界”）从底座到燃烧火炬的尖端共 93 米，是法国和美国公民合作的产物。建造计划最初于 1865 年提出。

这座罗马神话中自由女神的雄伟雕像是在法国建造的，并且各个部件是事先分别建造、最后组装起来的。左边这张照片是 1881 年在巴黎的加热与戈蒂埃公司的车间拍摄的，艺术家正在制作雕像的左手，它拿着一块石板，上面镌刻着美国《独立宣言》发布的日期（1776 年 7 月 4 日）。正在制作大拇指的是弗雷德里克·奥古斯特·巴特勒迪，他此前设计过（但始终没有真正建造）一尊庞大的女性雕像，计划安放在新开凿的苏伊士运河的入口。

自由女神像从设想到交付耗时甚久，一方面是因为雕像本身尺寸极大，另一方面是因为受到 19 世纪 70 年代“长期萧条”的影响。建造底座的资金来自美国公民的捐款。报业大亨约瑟夫·普利策鼓励美国人慷慨解囊，埃玛·拉撒路为此写了一首如今已经很有名的十四行诗《新巨人》。

自由女神像最初竖立起来的时候，它的铜制表层在阳光下十分耀眼。但几十年后金属就氧化了，自由女神像变成了今天我们熟悉的那种绿色。

约翰·D. 洛克菲勒

19 世纪改变世界的交通与技术进步依赖于新形式的能源。最重要的能源是石油。谁能掌控石油工业及其相关产业（最重要的是铁路），谁就能赚得惊人的利润。约翰·D. 洛克菲勒就是这样成为现代史上的首富的。

洛克菲勒名下的组织“标准石油”于 1870 年在俄亥俄州组建公司，到 19 世纪 80 年代已经发展为一个庞大的托拉斯，下辖数十家公司，遍及全美。一小群股东控制着整个托拉斯。洛克菲勒的雄心壮志、对石油与运输行业的深刻洞察，以及神秘莫测、咄咄逼人的商业策略，让标准石油公司逐渐垄断了美国的石油提炼与分销行业。

1881 年，《大西洋月刊》刊登的一篇长文谴责了美国的铁路行业乃至整个工业界，抱怨道：“没人知道洛克菲勒的身价有多少……标准石油公司的老板究竟是什么人，他们的资本究竟有多少，他们与铁路公司的关系究竟是什么，没人搞得清楚。”1911 年，美国政府认定标准石油违反了反托拉斯法，于是将其拆解。两年后有人估计洛克菲勒个人的身价为 9 亿美元。他的财富可以与古吕底亚的巨富克罗伊斯国王或雅各布·富格尔相提并论。洛克菲勒因为拥有巨额财富受到普遍的憎恨，但他把自己的大部分财富都捐献出去，资助慈善事业，包括生物医学研究、公共卫生和教育。

我相信，用公平和诚实的手段尽可能多地挣钱，尽可能多地守住自己的财富，并尽可能多地回馈社会，是一种宗教义务。

——约翰·D. 洛克菲勒的演讲，约 1899 年

我应当嫉妒这座铁塔。它的名气比我大多了。很多人以为它是我唯一的作品。

——古斯塔夫·埃菲尔（据说出自他之口）

埃菲尔铁塔

在 19 世纪 80 年代，法国人不是只帮别的国家建造地标。在这十年里，埃菲尔铁塔被分阶段建造起来，最终俯瞰巴黎。埃菲尔铁塔是建造自由女神像的主要工程师之一古斯塔夫·埃菲尔的图腾式作品。

埃菲尔对宏大的国际项目颇有经验。他此前为智利的一座城镇建造了预制构件的金属教堂，为匈牙利建造了一座火车站，为葡萄牙建造了一座高架桥。1886 年，他赢得了为规模庞大的 1889 年巴黎世界博览会创作核心展品的机会。

1887 年初夏，埃菲尔开始在巴黎第 7 区的战神广场工作。后面这六张照片拍摄于 1888 年 6 月 14 日和 1889 年 3 月 12 日之间，展现了埃菲尔铁塔建造的神速。它总高超过 300 米，是当时世界上最高的建筑结构。埃菲尔铁塔原本被涂成鲜红色，与今天人们熟悉的锈褐色大不相同。不过，并非所有人都喜欢埃菲尔铁塔：一群法国艺术家，包括作家居伊·德·莫泊桑，联名签署了一份请愿书，激烈地批评它，说它是“丑恶的梦”和“螺钉连接的金属片构成的可恨的柱子”。

抗议最终无效。埃菲尔铁塔原定要矗立二十年，但后来远远超过了这个时间界限，成为巴黎天际线的一部分，就像自由女神像是曼哈顿天际线的一部分那样。

14 Juin 1888

10 Juillet 1888

14 Octobre 1888

14 Novembre 1888
12 Fevrier 1889
12 Mars 1889

1889 年世界博览会

1889 年世界博览会的官方指南说，人类活动的全部奇观都于 1889 年 5 月 6 日至 10 月 31 日聚集到了巴黎。埃菲尔铁塔直插云霄，而在它下方的战神广场，来自从南美洲到远东的 6 万多名参展商正展示着艺术品、手工艺品、音乐、家具、纺织品、金属制品、食品、葡萄酒、技术、历史场景重演和工业成果。所有展品都聚集在定制的展览空间里，比如被称为“机械长廊”的展馆，它占地 8 公顷，是玻璃和金属结构。

右边这张照片拍摄于 1889 年，表现的是世界博览会最受欢迎的一群参展者：身穿爪哇传统服饰的舞者。爪哇当时属于荷属东印度。他们的展览空间被做成爪哇人传统村庄的模样。爪哇土著在这里展示他们制作帽子的本领和农业技术，并表演宗教仪式。他们最有影响力的节目可能是“甘美兰”音乐。表演者敲锣打鼓，演奏铙钹和类似木琴的乐器。年轻的法国作曲家克洛德·德彪西观看了他们的表演，后来在自己的作品中吸收了“甘美兰”音乐的元素。

1889 年世界博览会（包括攻克巴士底狱一幕的重演）也是对法国大革命的一百周年纪念。借这个机会颂扬共和梦想再合适不过了。观众如潮，博览会获利颇丰。这也证明，尽管法国政坛始终风起云涌，但至少首都已经从普法战争和巴黎公社的影响当中复苏了。

关键在于……在保持稳定性的前提下，建筑越轻越好。

——威廉·勒巴隆·詹尼，1891 年

第一座摩天大楼

约翰·D. 洛克菲勒最重要的捐赠项目之一是芝加哥的一所新大学。19 世纪 80 年代，这座城市的面貌焕然一新。右页这张照片表现的是拉萨尔街和亚当斯街拐角处的家庭保险大楼。它于 1885 年竣工，高 10 层，在当时已经算非常雄伟了。在 20 世纪初拍摄这张照片的时候，家庭保险大楼又添加了两层。

设计这座大楼的建筑师是威廉·勒巴隆·詹尼，他于 19 世纪 50 年代在巴黎学艺，曾是古斯塔夫·埃菲尔的同学。詹尼之所以在芝加哥得到发展机遇，是因为 1871 年的芝加哥大火灾。据说火灾起因是德克文街一处牛棚内的煤油灯被牛踢翻。大火将市中心 9 平方公里的地域化为灰烬，并导致 300 人死亡、约 10 万人无家可归。

詹尼认识到可以利用承重钢和熟铁结构给现存建筑增添新楼层。他的工作为他赢得“摩天大楼之父”的美誉。建筑史学家至今仍在辩论，家庭保险大楼究竟算不算世界第一座摩天大楼，但詹尼的洞见肯定影响了之后的所有高层建筑，永久性改变了世界各大城市的天际线。

詹尼的 12 层大楼很快就被更高的建筑超过（比如本图中隔壁的那栋楼）。家庭保险大楼于 1931 年被拆除，以便给菲尔德大楼（这座巍峨建筑有 45 层，高 163 米）腾出空间。

比利时国王利奥波德二世

1865—1909年在位的比利时国王利奥波德二世感兴趣的不是高层建筑，而是遥远的异邦。19世纪80年代，他赞助了探索、“教化”和吞并撒哈拉以南非洲的计划。他在刚果盆地获得了一大片殖民地，称之为刚果自由邦（后来更名为比属刚果）。他用残酷的手段强迫当地居民与他合作，为了他个人的私利掠夺自然资源。

左页这张照片的拍摄者是在奇切斯特开业的摄影公司罗素父子公司。1880年，利奥波德二世聘请探险家亨利·莫顿·斯坦利担任他在刚果盆地的代理人，建立贸易站，迫使土著酋长签订条约，将该地区变成比利时国王的私人领地。利奥波德二世的爪牙起初在该地区掠夺象牙，19世纪90年代开始改为经营橡胶。橡胶可用于车辆轮胎和电缆，所以需求量很大。为满足国王对橡胶的需求，利奥波德二世的私人武装“公安军”（Force Publique）使用了大批奴隶劳工，并用威胁、绑架、鞭笞、酷刑、切断肢体和谋杀等手段强迫他们劳作。这导致数百万刚果人死亡，饥荒和疾病横扫全境。

凶残的殖民暴政不仅限于比利时一国。利奥波德二世攫取刚果是“瓜分非洲”运动的一部分。19世纪七八十年代，英国、法国、葡萄牙、德国和其他欧洲帝国主义国家向非洲大陆强加殖民统治。列强于1884年在柏林举行的会议给争夺非洲的殖民运动赋予了表面上的合法性。到1902年，非洲土地的90%处于欧洲人控制之下。

在刚果发生的累累罪行是以你的名义犯下的，你必须在道义的法庭为这个民族遭受的暴政负责……

——乔治·华盛顿·威廉姆斯给利奥波德二世的公开信，1890年7月18日

桑给巴尔的苏丹

巴伽什·本·赛义德（右页照片里中间坐者，周围簇拥着他的大臣）是东非国家桑给巴尔的第二任苏丹，1870年登基，1888年3月26日驾崩。和当时的很多统治者一样，他面临艰巨的任务：保卫自己的国家，抵抗正在“瓜分非洲”的欧洲列强。

桑给巴尔的地理位置极佳。它以非洲之角往南不远处印度洋西部的一个群岛为中心，自古以来就是收益丰厚的贸易站。来自阿拉伯半岛的奴隶贩子和经营黄金、香料与咖啡的商人都需要桑给巴尔。

由于东印度公司和英属印度商人的活动，到19世纪70年代时，英国已经对桑给巴尔施加了长期的影响。1876年，英国人的软实力得到充分展现，他们成功说服巴伽什废除奴隶贸易。不过在19世纪80年代，当非洲大陆上与桑给巴尔隔海相望的坦噶尼喀被德国占领之时，英国没能捍卫桑给巴尔的利益。殖民主义列强打着给予土著“保护”的旗号，逐渐蚕食了桑给巴尔在东非的几乎全部领地。

1890年，也就是巴伽什去世两年后，桑给巴尔本身（领土已经大幅缩水）被正式宣布为英国的保护国。这种地位一直持续到该国于1963年以独立国家的身份加入英联邦。次年，桑给巴尔与坦噶尼喀统一，成为今天的坦桑尼亚。

德皇威廉二世

德国投身于“瓜分非洲”狂潮的时候，正在经历统治者更迭。英国女王维多利亚的外孙、二十九岁的德皇威廉二世在祖父威廉一世和父亲弗里德里希三世相继去世之后，于1888年6月15日登基。

威廉二世是位喜怒无常并造成很多恶劣影响的皇帝。他最早的重要举措之一是罢免年迈的首相奥托·冯·俾斯麦。在托马斯·沃伊特拍摄的这张肖像照片（左页）里，威廉二世穿着英国军服，但他与英国亲戚的关系高度紧张，与另一位亲戚尼古拉二世沙皇的关系也不融洽。

威廉二世经常当众失态，脾气暴躁，缺乏安全感并且在外交政策方面过于咄咄逼人，所以四面树敌。即便在那个保守年代，他的反犹主义和种族主义也显得非常突出。他对德国历史的油嘴滑舌的解读也经常适得其反，比如他在1900年把正在中国作战的德国军队比作阿提拉领导的匈人大军。

威廉二世的好斗在导致1914年第一次世界大战爆发的诸多复杂事件中发挥了一定作用。1918年德国战败之后他退位并在荷兰长期流亡，在那里蓄起了令人肃然起敬的大胡子，以砍柴和狩猎消磨时光。他和阿道夫·希特勒互相憎恶。1941年威廉二世去世后，希特勒不太情愿地允许为他举行军事荣誉葬礼。

这个帝国只能有一个主人，我不会允许其他人占据这个位置。

——德皇威廉二世在杜塞尔多夫的演讲，1891年

大寒冬

后面这张照片是“诺福克湿地的生活与风景”系列之一，表现的是1886年第一次霜冻时英格兰东部的严冬景象，拍摄者是彼得·亨利·埃默森和艺术家托马斯·弗雷德里克·古多尔。这是一幅宁静且具有乡村气氛的景象，恰如其分地描摹了19世纪80年代全球气温骤降之时天寒地冻的乡村。

1880—1881年的冬季特别严酷。在北半球，1884年夏季的气温比前一年平均低了1.2摄氏度，降温一直持续到1888年。那一年，美国东部和加拿大遭到一系列暴风雪袭击（统称“大暴雪”）。气候转冷的同时发生农业歉收和奇异的大气变化现象，最显著的表现是五彩缤纷的日落。（有人说，挪威艺术家爱德华·蒙克1893年的表现主义画作《呐喊》当中鲜艳橘红色的天空记录的就是这样一次日落。）

气候变化的一个主要原因是1883年8月26—27日荷属东印度的爪哇和苏门答腊之间规模庞大的火山喷发。拥有三座山峰的火山岛喀拉喀托猛烈喷发，其烈度为有文字记载历史之最，火山灰甚至被喷射到80公里之遥的地方；4800公里之外的澳大利亚都听得见火山喷发的巨响；火山喷发还引发了海啸，将大量尘埃与灰烬喷向大气层。至少4万人死于喀拉喀托火山喷发，更多人在全世界范围变得灰暗的天空下战栗。

现代工业以极其宏大的规模操纵自然的力量……谁要是把如此强大的力量托付给傻瓜，就注定要倒霉了。

——美国地质学家约翰·威斯利·鲍威尔关于约翰斯敦洪灾的报告，1889年8月

约翰斯敦洪灾

1889年5月31日，在宾夕法尼亚州约翰斯敦，极端天气造成了大范围的严重灾害，导致超过2000人死亡。连续数日的瓢泼大雨给维护不力的科恩莫湖南福克堤坝（距离约翰斯敦约23公里）施加了难以承受的压力。决堤迫在眉睫的警报不断传来，政府却没有下令疏散平民。

5月31日下午将近3点时，洪水冲垮了大堤。超过1400万立方米的洪水泄入小科恩莫河，排山倒海地冲向下游，吞噬了好几个村庄，然后裹着滔天巨浪闯入约翰斯敦，浪头高达18米。洪水途经地区的很多人被瓦砾砸死或者溺死。幸存者往往失去了全部财产。左边是约翰斯敦居民约翰·舒尔茨的房屋的诸多照片之一。房屋被一棵树穿透，接着被洪水掀翻，然后乘着激流穿过城镇，最后屋顶朝下停在距离原址好几条街远的地方。（舒尔茨得以幸存。）舒尔茨的房屋被描述为“洪水的怪物”，这足以证明洪水的力量多么强大。

约翰斯敦洪灾与1887年导致约90万中国人死亡的黄河洪灾相比就是小儿科了。然而，约翰斯敦洪灾在当时是美国历史上造成平民死亡人数最多的灾难。这场人道危机激起了全世界人民的同情，灾民得到了来自四面八方的救济。

高尚的情操让她们找到了自己的职责；正义的盔甲冲破了障碍。

——《上战场的女人》，克拉拉·巴顿的诗作

克拉拉·巴顿

《约翰斯敦每日论坛报》的编辑对克拉拉·巴顿和美国红十字会的护士在1889年约翰斯敦洪灾救援工作中的贡献给予了高度评价："翻遍所有语言的词典，也找不到合适的词语来表达我们对她和她的工作的感激。"

巴顿于1821年出生于马萨诸塞，曾是个特别害羞的孩子，第一份工作是教师，后来在美国内战一些最血腥的战役（包括安提特姆战役、弗雷德里克斯堡战役和荒原战役）期间担任志愿护士。此后她做了一系列巡回演讲，绘声绘色、激情洋溢地描述自己的经历，震撼了许多观众。

她尽管健康状况不佳，但还是将余生奉献给护理事业：她在19世纪70年代的普法战争前线工作；游说美国参议院批准加入1864年的《日内瓦公约》（它要求参战的军队保护伤员并为其提供医疗服务）；并于1881年建立美国红十字会，得到了约翰·D.洛克菲勒的经济支持和废奴主义者弗雷德里克·道格拉斯的道义支持。她还是精力充沛的社会活动家，积极捍卫被剥夺公民权的黑人的权益，并为女性选举权奔走游说。

右页巴顿的这张照片是詹姆斯·E.珀迪拍摄的。珀迪也是新英格兰人，是多产的肖像摄影师。1904年，巴顿从美国红十字会主席的位置上退休时已经八十三岁。就是在这一年，珀迪为她拍摄了这张照片。巴顿于八年后的1912年4月12日去世。

奥地利皇太子鲁道夫

奥地利皇太子鲁道夫大公的问题不是红十字会能解决的那种。前面这张照片是鲁道夫于1889年1月30日自杀后留下的。这位奥匈帝国的皇位继承人一生备受挫折，最后陷入了凄惨的抑郁。

鲁道夫是弗朗茨·约瑟夫皇帝的独生子，从1851年出生的那天起就注定要成为帝国的统治者。但是，他长大成人之后抱有的政治理念与皇帝及其大臣迥然不同。鲁道夫信奉自由主义，反对教会干预政治，敌视俄国。于是，他被排除在政府之外。

让鲁道夫更加不幸的是，他在1881年被迫迎娶了比利时国王利奥波德二世的次女。此女的名字是斯特凡妮，与鲁道夫有血缘关系，但关系很遥远，所以根据教会法他们可以结婚。这是一门不幸的婚姻。鲁道夫和斯特凡妮生了一个女儿，但让斯特凡妮染上性病。几年后，他们就开始考虑离婚。

生性鲁莽又陷入绝望的鲁道夫于1889年饮弹自尽。人们在他旁边还发现了他的情妇之一，年仅十七岁、天真敏感的玛丽·韦切拉男爵小姐的尸体。这场谋杀和自杀发生在维也纳附近森林里的梅耶林（Mayerling）。梅耶林事件产生了让人预想不到的后果：鲁道夫之死改变了奥匈帝国的皇位继承。他的堂弟弗朗茨·斐迪南大公成为皇储。1914年，斐迪南在萨拉热窝遇刺身亡，引发了第一次世界大战。

照片虽小，却给我们提供了宝贵的信息，并且其精确度值得信赖。

——《天文台》期刊，社论，1880年

凸月

在风波不断的地球之上，月亮始终如一地俯视着19世纪末的一出出戏剧。这张不寻常的照片是英国的天文学先驱和摄影师安德鲁·安斯利·康芒拍摄的。康芒的日常工作是卫生工程，但他的一项长期爱好是观看天空。1886年，他当选为英国皇家天文学会成员。大约六年前的1880年1月20日，他在伦敦郊区伊灵家中借助一台910毫米反射式望远镜拍摄了这张高分辨率的照片。他对该照片的记录是："快速曝光。放大约10倍。"

从技术上讲，康芒当天用望远镜观察到的是盈凸月，也就是说，月球从地球上可见的部分大于半圆但小于正圆。右页这张照片的独到之处是清晰显示了月球表面的暗斑，即所谓月海。但康芒印制的照片（这里展示的是他的版本）是上下颠倒的：这是从南半球（而不是北半球）观察到的月亮的模样。不过，我们还是很容易分辨出左下方的圆形小黑斑是危海，旁边较大的黑斑是澄海和静海。静海是这张照片拍摄89年之后人类首次登月的地点。

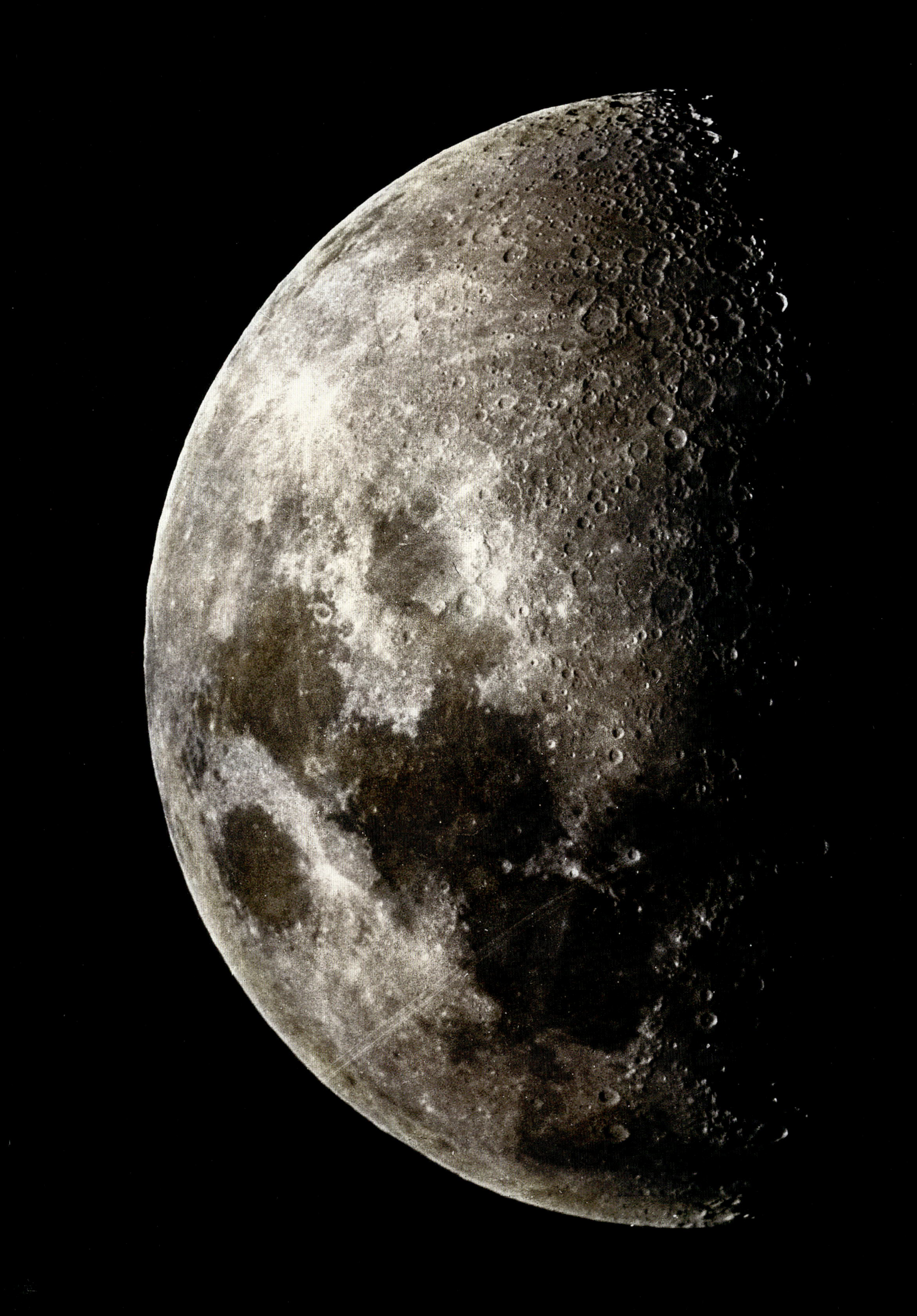

1890 年代

世纪黄昏

幽默是伟大的，是神奇的。幽默出现的那一刻，我们的全部硬心肠都变软了。

——马克·吐温的散文，1897 年

1894年，美国幽默家、小说家、出版人、内河船只领航员、演说家和风趣才子马克·吐温宣布自己破产，然后周游世界。在之前的二十年里，他写了两部杰作，《汤姆·索亚历险记》（1876年）和《哈克贝利·费恩历险记》（1885年）。19世纪90年代真是奇异的时代：尽管他的作品大受欢迎，他自己的出版公司却破产了。

马克·吐温于1835年出生于密苏里州，在南方长大，家境原本富裕，但很快败落。他原名塞缪尔·朗赫恩·克莱门斯，1863年改用后来闻名世界的笔名马克·吐温，当时他在轮船上担任领航员。（“马克·吐温”这个名字是个笑话：轮船上的测深员会测量水深，确定可以安全航行的时候会呼喊这个口令。）他离开轮船并成为专职作家之后，因能够运用自己的亲身经历生动描绘密西西比河上土生土长的美国“老伙计”而闻名遐迩。

第140页的照片是伟大的摄影师弗朗西丝·本杰明·约翰斯通的作品，拍摄时吐温已是晚年。虽然吐温是个地地道道的美国人，但19世纪90年代的大部分时间他都在周游世界。他游历了澳大利亚和新西兰、印度和南非、伦敦和维也纳，所到之处总是能用热情洋溢的演讲和无穷无尽的趣闻轶事（源自他充实而漫长的一生）让观众和权贵为之倾倒。他总是能巧妙地调整自己的表演，适应当地观众的趣味。自1870年查尔斯·狄更斯去世以后，还没有哪位在世的作家能够这样紧抓时代的脉搏。

1873年，吐温把这个时代命名为“镀金时代”。他写了一本大受欢迎的小说，书名就是《镀金时代》。这部作品精彩地把握了当时的历史时刻：技术飞速进步、人口增长、工业带来巨额财富、美国战后重建如火如荼；但同时，人类永恒的弱点没有改变，即过分乐观和腐化。吐温在19世纪90年代周游世界的时候亲眼看到，他在《镀金时代》里对世界的诊断仍然适用。

1890年

3月 德皇威廉二世免去奥托·冯·俾斯麦的首相职务。

7月 英国控制桑给巴尔苏丹国，拿它与德国交换北海的黑尔戈兰群岛。

12月 胡克帕帕拉科塔族酋长坐牛被射杀；两周后，超过150名拉科塔印第安人在南达科他州的伤膝河被屠杀。

1891年

2月 美国内战的名将和“全面战争”的先驱倡导者威廉·T.谢尔曼去世。

4月 伦敦与巴黎之间的电话线向公众开放。

1892年

1月 埃利斯岛开始运作，移民抵达美国之后从这里入境。

4月 爱迪生的通用电气公司与汤姆森－休斯顿公司合并，新公司名为通用电气公司。

1893年

1月 夏威夷君主被推翻，利留卡拉尼女王退位，夏威夷最终被美国吞并。

5月 美国的金融危机和信贷紧缩引发严重的经济萧条，称为“1893年恐慌”。

9月 新西兰成为世界上第一个授予女性选举权的国家。

1894年

5月 雅各·考克西在华盛顿特区被捕。此前他领导了一次从俄亥俄州到华盛顿特区的抗议游行，要求政府开展公共工程以解决经济萧条问题。

7月 中日甲午战争爆发。

11月 亚历山大三世驾崩，尼古拉二世成为俄国沙皇。

在美国，人口迅速增长，经济状况和19世纪70年代一样难以预测。很多美国人的生活仍然危险而艰难。但是，美国也在进入它的历史的一个新阶段：这个因为拒绝殖民统治而诞生的年轻国家，自己却正在变成帝国主义强国。1898年与西班牙的战争让美国控制了古巴、菲律宾、波多黎各和关岛。同一时期，美国吞并了夏威夷。分别支持帝国主义扩张和孤立主义的两派之间的冲突将会主宰接下来的几十年，在很多方面可以说这种冲突延续到了21世纪的第二个十年。

在太平洋彼岸，帝国主义带来了一系列不同的问题。19世纪90年代，中国、日本、朝鲜跟在日本海与黄海周边拥有商业和政治利益的多个欧洲强国发生了一系列冲突。同样，在非洲，英国、法国、德国、意大利和比利时等殖民主义国家继续征服土著民族，并且各自都在谋划如何能独占非洲。

19世纪90年代的欧洲见证了一些流光溢彩的时刻，如1896年的奥运会和1897年维多利亚女王的钻禧（登基六十周年纪念日），但也发生了一些堕落可耻、臭名远扬的事件，比如德雷福斯案件，它揭露了法国统治阶层的核心已经糜烂。与此同时，世界继续发展。蒸汽火车轰鸣行驶，最早的现代化汽车从工厂开出，舞台明星开始考虑一种新技术——电影。

马克·吐温游历的就是这样一个世界。他一边旅行，一边记录自己的冒险，并小心谨慎地培养自己的威望，最后于1900年10月返回纽约，宣布自己回家了，再也不会离开美国。他对世界看得越多，对帝国主义就越是憎恶。

1895年

1月 法国陆军上尉、犹太人阿尔弗雷德·德雷福斯被正式剥夺军衔。法国政府错误地指控他向德国出卖军事机密，判他有罪。

2月 卢米埃兄弟为其电影放映机申请专利，他们的放映机与爱迪生的活动电影放映机是竞争对手。

10月 朝鲜王朝的明成皇后在汉城（今称首尔）景福宫被日本刺客杀害。

1896年

3月 忠于孟尼利克二世国王的埃塞俄比亚军队在阿杜瓦战役中大败意大利军队。

4月 第一届现代夏季奥运会在雅典举行。

5月 美国联邦最高法院在具有里程碑意义的普莱西诉弗格森案中支持种族隔离。

1897年

5月 爱尔兰剧作家奥斯卡·王尔德因为严重猥亵罪被监禁两年后获释。

6月 大英帝国庆祝维多利亚女王的钻禧。

7月 克朗代克淘金热开始，10万人来到加拿大和阿拉斯加边境淘金，希望能发财致富。

1898年

2月“缅因”号在哈瓦那港被炸毁，引发美西战争。

9月 恩图曼战役，英国打败苏丹的马赫迪军队。

10月 在中国，义和团“攻击”洋人，开始了长达三年的义和团运动。

1899年

1月 莎拉·伯恩哈特剧院在巴黎开业，它的赞助人莎拉·伯恩哈特担任维克托里安·萨尔杜编剧的《托斯卡》的主演。

2月 菲律宾和美国之间爆发战争。

10月 第二次布尔战争在非洲南部爆发。

考克西的大军

1893年在美国开始的危机是马克·吐温所谓“镀金时代”的绝佳例证。从这一年开始了长达四年的经济萧条，是到当时为止美国经历的最严重的经济危机。四年危机的起因是美国财政部的黄金储备遭到挤兑。

因为美元与实际的黄金储备挂钩，所以当1893年4月联邦的黄金储备总量下降到危险的程度时，美元的信用受到严重质疑。于是发生挤兑，投资者变卖财产，将财富转换成金币或金条。

恐慌迅速在金融体系蔓延，导致一系列银行遭挤兑和破产，随后不可避免地导致许多公司倒闭，尤其是铁路公司和炼钢厂。一年之内，五分之一的美国人失业，街上开始出现游行示威。

左边这张照片展现的是1894年考克西的大军的游行。俄亥俄州商人雅各·S. 考克西主张放弃与黄金挂钩的美元，要求联邦启动修路工程来刺激经济。在考克西的领导下，数百人从俄亥俄州马西隆前往华盛顿特区（沿途人数不断增长），向政府请愿。5月1日他们抵达华盛顿特区之后，考克西还没来得及发表公开演说，就因为擅自闯入国会山草坪而被逮捕。

直到1897年，经济动荡才开始平息。到那时，格罗弗·克利夫兰总统不得民心的第二届任期已经结束。J. P. 摩根和罗斯柴尔德家族等银行家通过向美国政府提供高息贷款用于救市而发财。这时，在克朗代克发现了新的储量丰富的金矿。

我们到这里是为了请求政府立法，为每一个有能力、有意愿工作的人提供就业岗位……

——雅各·S. 考克西，未发表的演说，1894年

淘金热

黄金是美国经济的支柱，所以寻找新的金矿是一门利润丰厚的生意。1896 年夏季，在加拿大西部育空（靠近阿拉斯加边界）探索的勘探者在克朗代克河一条支流的水中发现了一些天然金块。他们将这条支流命名为富矿溪。这个名字很合适。每一位勘探者的梦想都是发现金矿然后发大财。这种梦想在 19 世纪 40 年代把白人定居者吸引到加利福尼亚，现在又刺激了历史上最著名的淘金热浪潮之一。

1897 年 7 月，冰雪已经消融，富矿溪发现黄金的消息传到了外界。约 10 万人匆匆赶到那里加入搜寻黄金的运动，沿着险象环生的高山小径前进，或者花费巨资从旧金山走海路或者乘内河船只前往阿拉斯加。育空的印第安人汉恩部落被迁移到保留地，以便为新来者腾出地方。

克朗代克确实蕴藏着大量黄金，但需求远远超过了供给。很多人没有发财，却把自己的财产挥霍一空。数百人死在前往金矿区的长途跋涉当中。勘探营地的生活条件很严酷，从右边这张照片（摄影师是来自西雅图的弗兰克・拉罗什）就看得出来。道森市那样的新兴城镇因为豪赌和酗酒引发的极端行为而闻名。这些地方随处可见疾病、无法无天的恶行、火灾、卖淫和暴力冲突。

直到 1899 年夏季，克朗代克对很多美国人来说仍然具有不可抗拒的魅力。后来在靠近育空河河口的诺姆发现了更多的黄金，为了黄金而癫狂的淘金者于是改为向那里前进。

在短得令人难以置信的时间里，沿海城市的居民兴奋得简直要发疯……历史上从来没有这样一窝蜂狂跑的现象。

——埃德温・塔潘・爱德尼，《克朗代克淘金热》（1900 年）

KLONDIKE
TRADING CO.

莎拉·伯恩哈特

在美国西北部陷入淘金热的同时，美国的其他地方正在为一件舞台上的珍宝而陶醉。19 世纪 90 年代，法国女演员莎拉·伯恩哈特三次从巴黎到美国巡演（分别是 1891 年、1896 年和 1900 年），带来时髦的法国剧作家的最新作品（包括维克托里安·萨尔杜的《托斯卡》和《克利奥帕特拉》，以及埃德蒙·罗斯丹的《大鼻子情圣》），让美国观众为之疯狂。

伯恩哈特是一位荷兰犹太交际花的私生女，演艺生涯起步很缓慢，但从 19 世纪 70 年代开始，她那拥有磁石般吸引力的舞台表演和令人难忘的嗓音为她赢得了国际声誉和一大群名人追求者，包括小说家和戏剧家维克多·雨果以及维多利亚女王的儿子阿尔伯特·爱德华，此君即未来的爱德华七世。

伯恩哈特也会扮演男性角色，比如莎士比亚的哈姆雷特或罗斯丹的《小鹰》中拿破仑的儿子。在很多年里，她还是巴黎的莎拉·伯恩哈特剧院（原名国家剧院）的经理。

左页这张照片拍摄于 1890 年，拍摄者是 W. & D. 唐尼公司。图中伯恩哈特正在扮演萨尔杜的《狄奥多拉》的女主角，此时的她已经是全世界最著名的女演员。“神圣的莎拉”的暴躁脾气也很有名。有一次她用雨伞打一个门卫的头，把雨伞都打断了。1891 年在旧金山的一次表演期间，她威胁要用左轮手枪射击一名舞台工作人员。1915 年，医生发现伯恩哈特一只膝盖的旧伤复发并造成感染，不得不将她的右腿截肢。但是，她仍然继续工作。1923 年她去世前不久还在参演一部电影，拍摄地点就在她位于巴黎的家中。

莎拉·伯恩哈特的嗓音里不止有黄金，还有电闪雷鸣，以及天堂与地狱。

——利顿·斯特雷奇，

关于伯恩哈特职业生涯的文章，1925 年

卢米埃兄弟

莎拉·伯恩哈特主宰舞台三十年，所以她能成为最早的电影明星之一不足为奇。在她的名望处于巅峰的时候，她的同胞奥古斯特和路易·卢米埃发明了电影。

后面这张照片中的卢米埃兄弟已经人到中年。他们从父亲那里继承了一家利润丰厚的摄影感光板工厂，也遗传了父亲热衷探索的脾性。1895 年 2 月 13 日，他们为电影摄像机和放映机（linematograph）申请了专利。它能摄像，也能放映图像，可以由很多人同时观看。在这方面，它与托马斯·爱迪生的放映机不同，因为爱迪生的放映机在任何时间点都只能有一名观看者。卢米埃兄弟的第一部电影长 46 秒，表现的是一群工人离开位于里昂的卢米埃工厂。该电影于同年 12 月 28 日在巴黎嘉布遣大道的大咖啡馆和其他几部影片一起首映。今天一般认为这是史上最早的电影。

随着卢米埃放映机和爱迪生放映机这样的发明被市场化，电影的潜力很快得到发挥，一些著名的舞台演员开始出现在早期的电影短片里。1900 年，伯恩哈特参演《哈姆雷特》，与雷尔提决斗。但是，卢米埃兄弟对电影业的兴趣没有维持多久。他们在拍摄了数千部纪录片风格的短片之后，将注意力转向研发一种叫作“奥托克罗姆”（autochrome）的早期彩色照片技术，并研究三维影像。奥古斯特还花了很多年研究癌症和结核病等疾病。路易于 1948 年去世，奥古斯特于 1954 年去世。

奥运会当中最重要的事情不是胜利，而是参与；生活中最根本的东西不是胜利，而是精彩的拼搏。

——皮埃尔・德・顾拜旦，1908 年

奥运会

说来奇怪，1896 年雅典奥运会（国际奥委会领导下的第一届现代奥运会）并没有金牌。主要项目（包括田径、摔跤、体操、划艇、网球和仅限海员参加的游泳竞赛）的冠军被授予银牌，亚军获得铜牌。

右边这张照片表现的是 100 米短跑决赛的场面，美国人托马斯・伯克以 12 秒的成绩赢得冠军。图中从左数第二道就是他，正在摆出当时常见的“蹲踞式”起跑姿势。伯克这次的成绩不错，但不是非常突出。他曾有过 11.8 秒的成绩。不过伯克更有名的身份其实是 400 米跑专家，所以 12 秒的短跑成绩已经很厉害了。（他在 400 米跑比赛中也夺得冠军。）

1896 年之前也有人曾试图复苏古希腊的奥运会，比如 1859—1888 年的一系列奥运会，最初的组织者是慈善家和商人埃万耶洛斯・扎帕斯。他专门为此发掘并复原了最早在公元前 4 世纪开始使用的泛雅典运动场。1896 年，扎帕斯已经去世超过三十年，组织奥运会的重任被交给一个名叫皮埃尔・德・顾拜旦的法国人。

按照今天的标准，此次雅典奥运会规模很小而且很不专业，但它成功复苏了古典奥运会的理念。从此开始了一连串夏季奥运会和冬季奥运会（从 1924 年开始），仅仅因两次世界大战而中断过。

有动力车的理念比历史本身还要古老。

——查尔斯·杜里埃，1915 年

汽车

从 19 世纪 30 年代开始，发明家试图制造一种能够用自己的动力行驶而无须轨道的车辆。到 90 年代，他们的梦想终于实现了，最早的使用汽油的车辆开始出现。德国人卡尔·弗里德里希·本茨和戈特利布·戴姆勒于 80 年代在欧洲展示了用汽油提供动力的车辆。在美国，查尔斯和法兰克·杜里埃于 1893 年驾驶他们自己发明的杜里埃汽车在马萨诸塞州斯普林菲尔德行驶。（杜里埃兄弟制造的汽车享有赢得美国第一次公路赛的荣誉，也卷入了美国第一起交通事故。）

左边这张照片中的汽车是法国生产的六马力“庞阿尔与勒瓦索尔”汽车，拍摄时间是 1898 年，此时它是查尔斯·斯图尔特·劳斯的财产。劳斯是一位威尔士男爵的儿子，对工程技术充满热情，收藏了很多早期的飞机和汽车。后来在 20 世纪初，他与亨利·莱斯合作，把自己的爱好发展成一门生意。他们的劳斯莱斯公司于 1906 年成立，靠生产安静、外观平滑的豪华汽车而闻名。劳斯于 1910 年驾驶一架莱特飞行器参加航展时失事而死，但他的公司延续至今。

19 世纪 90 年代的汽车还只是试验性的，很多型号显得不切实际，但汽车的时代显然已经开始。在随后十年里，奥兹摩比“弯冲”汽车和福特 T 型车这样的汽车将在工厂流水线上大规模生产。人类旅行的方式发生了根本性变革。

RESTAURANT
DE LA GARE
721

蒙帕纳斯铁路事故

随着交通技术的飞速发展，发生严重事故（有时致人死亡）的可能性也大大增加。历史上最著名也最上镜的铁路事故于 1895 年 10 月 22 日发生在巴黎的蒙帕纳斯车站。从格朗维尔去巴黎的火车在傍晚抵达车站时，闯过缓冲带，穿透了车站的围墙，冲入雷恩广场，最后停下时火车头掉到了下方的街道上。

在随后几个钟头内，巴黎最优秀的摄影师纷纷赶到现场，拍摄这个不寻常的景象。左页这幅照片是莱昂与莱维印刷公司发表的，该公司专门制作带图画的明信片。同一场景的另一幅著名照片是性格古怪的摄影师和发明家亨利·罗歇（后来被称为亨利·罗歇－维奥莱）拍摄的。

蒙帕纳斯车站的火车出轨事故仅造成一人死亡：玛丽－奥古斯蒂娜·阿吉拉尔。她是卖报小贩，被火车穿透车站围墙时飞落的碎石砸死。不过在这之后，有很多人死于火车事故，有的是出轨事故，有的是火车相撞，有的是因锅炉出故障而爆炸。这十年里著名的火车事故包括 1891 年的明兴施泰因灾难，当时一列火车从瑞士的一座桥上坠落，导致超过 70 人死亡；此外还有 1896 年的大西洋城火车事故，导致 50 人死亡。保障乘客的安全似乎是永无止境的工作。

我们可以想象，火车以疯狂的速度冲向缓冲带时，乘客们先是呆若木鸡，很快便惊慌失措。

——《小日报》，1895 年 10 月 23 日

我控诉！……我控诉审判德雷福斯的第一次军事法庭违法，因为它竟然用秘密证据宣判被告有罪，并拒绝公开所谓的证据……

——埃米尔·左拉，《曙光报》1898 年 1 月 13 日

德雷福斯案件

19 世纪 90 年代法国最大的丑闻不是火车事故，而是一起案件。1894 年，陆军上尉、犹太人阿尔弗雷德·德雷福斯被指控向德国出卖军事情报，被判定犯有叛国罪。后来的“德雷福斯案件”持续了超过十年，轰动一时。

后面的照片是 1895 年 1 月 5 日德雷福斯被正式剥夺军人身份之后拍摄的。在一场公开仪式当中，他被剥夺军衔，衣服上的军事徽记被拆除，佩剑被折断；他受到的判决是在法属圭亚那的魔鬼岛终身监禁。

德雷福斯被剥夺军衔时发出抗议，坚持说自己是无辜的。的确如此。案件很快就被查得水落石出，针对他的起诉是错误的，不利于他的证据是伪造的，他是恶毒的反犹主义的受害者。支持德雷福斯的记者努力为他洗脱罪名。起初，他们集中力量证明另一名军官费迪南·瓦尔桑－埃斯特哈齐才是出卖情报的叛徒。1898 年的一次军法审判宣布埃斯特哈齐无罪，报纸《曙光报》刊登了小说家埃米尔·左拉写给共和国总统的公开信《我控诉 !》，谴责此次判决，并指出军方在隐瞒真相。

左拉后来被判犯有诽谤罪（他为了躲避牢狱之灾而逃往英国），德雷福斯案件让法国分裂成两大阵营：信奉共和主义、反对教会干政的左派支持德雷福斯；信奉天主教的民族主义者则相信为德雷福斯辩护的人是反法分子。1899 年，德雷福斯第二次接受军法审判，再次被判有罪。但七年后，支持德雷福斯的人士成为政府领导人，一个民事法庭为他洗清了罪名。德雷福斯继续从军，在第一次世界大战中表现出色，于 1935 年去世。

勿忘“缅因”号！打倒西班牙！

——1898年美国流行的口号

“缅因”号事件

在德雷福斯案件导致法国分裂的同时，大西洋彼岸的古巴正在酝酿一场激烈冲突。1898年2月15日，一声巨响，美国的“缅因”号战舰在哈瓦那港被炸毁。剧烈的爆炸撕裂了该舰的前端，导致260名水兵死亡，相当于舰上全部人员的将近四分之三。

爆炸的具体原因至今不明，但它的结果却很清楚：美国和西班牙之间爆发了一场全面战争。

左边照片中是“缅因”号的残骸。该舰之所以来到哈瓦那，是为了保护在古巴的美国公民，保护美国的利益。近四年来，古巴发生了反抗西班牙统治、争取独立的起义。美国报纸报道了很多古巴战俘被驱赶到集中营然后遭受虐待的新闻。

1898年4月22日和25日，美国和西班牙互相宣战。此后美国派遣远征军前往古巴和菲律宾（西班牙的另一处殖民地）。强大的军力让美国在十周之内打赢了战争。8月，西班牙同意停战条件。根据1899年12月10日签订的《巴黎条约》，古巴获得独立，接受美国监管；美国还控制了菲律宾、波多黎各和关岛。美国成为全球强权，而西班牙只能自己舔舐伤口，那曾经无比强大的帝国已经大幅缩水。

哦，诚实的美国人……听听被践踏的人民的声音！他们和你们一样，无比珍爱自己的政府。

——利留卡拉尼，《夏威夷女王的夏威夷故事》（1898 年）

夏威夷的末代女王

利留卡拉尼是夏威夷群岛的第一位女性统治者，也是 1898 年美国吞并夏威夷之前的最后一位夏威夷君主。

利留卡拉尼出生于 1838 年，原名莉迪亚·卡玛卡依哈。她五十二岁时继承兄长卡拉卡瓦国王的王位，但她的统治风雨飘摇并且很短暂。夏威夷此时已经与美国签订了密切且互惠的经济协定，包括允许美国在珍珠港建造海军基地。她试图阻挠美国对夏威夷逐渐施加的控制，所以她与桑福德·B. 多尔领导的政治群体发生了直接矛盾。多尔是传教士之子，出生于夏威夷，主张将两国的密切关系逐步转化为美国对夏威夷的直接吞并。

1893 年，利留卡拉尼被迫退位，并被囚禁在自己的宫殿里。多尔于 1894 年成为夏威夷共和国总统。四年后，也就是美西战争激战正酣时，美国总统威廉·麦金莱批准吞并夏威夷。它成为美国的领地，1959 年成为第五十个州。

利留卡拉尼左页中的这张照片是巴尼特·M. 克兰丁斯特拍摄的。利留卡拉尼在失去自己的国家之后留在檀香山，试图通过一系列诉讼收回原属于她的王室领地。她于 1917 年 11 月 11 日在华盛顿宫的家中去世。

甲午战争

西太平洋地区此时也发生了冲突。日本在明治维新之后变得无比自信、现代化而且侵略成性。为了朝鲜，日本与中国（当时是清朝）发生了战争。

理论上，朝鲜的统治者是朝鲜王朝的高宗及其妻子明成皇后。但清朝视朝鲜为自己的藩属，而日本试图迫使朝鲜接受对日本有利的贸易条件，从而掠夺朝鲜丰富的煤炭和铁矿资源。清朝和日本分别在朝鲜政府和军队中支持一个派系，而亲华派和亲日派朝鲜人经常发生血腥冲突，这在朝鲜造成了政治动荡。

1894 年 3 月，亲日派改革家金玉均在上海被刺杀；6 月，中日关系日趋紧张，日本派遣 8000 人的远征军到朝鲜，俘获高宗，扶植了亲日政府。结果是中日之间爆发全面战争，两国于 8 月 1 日正式宣战。师法英国的强大的日本海军最终打败了清朝军队。

右边这张照片表现的是日本水兵在“比睿”号上，这是一艘在威尔士建造的装甲护卫舰。1894 年 9 月，“比睿”号参加了鸭绿江口附近的黄海海战，遭到严重破坏，但没有被彻底摧毁。

1895 年春季，日军的一连串重大胜利迫使清政府议和。双方于 4 月 17 日签署《马关条约》。中国割让东北的部分地区（即辽东半岛，此外还有台湾岛及其附属岛屿、澎湖列岛）给日本，并承认朝鲜脱离中国而独立。日本的胜利加速了清朝的灭亡，并在朝鲜国内造成了严重后果。

已故的朝鲜皇后的一生很不幸。如果情报属实，这不是她的错……

——《威斯敏斯特公报》，1895 年 11 月

明成皇后

1894—1895 年中日甲午战争的结果让朝鲜国王高宗满腹忧愁，他现在不得不遵循符合日本利益的政策。这让他的妻子明成皇后（按照她的姓氏，称为闵妃）十分不满。

明成皇后于 1866 年嫁给高宗，当时她只有十四岁。自那以后，她经常引发争议。她试图在王宫内积极干政，不理睬传统儒家价值观对女性的束缚。她领导自己的政治派系，主张军事改革、大规模现代化，以及积极与西方建立文化和经济联系。甲午战争之后，她主张朝鲜与俄国建立密切联系，从而阻止日本主宰朝鲜。

明成皇后的肖像很少见。左页这张照片里的女性究竟是不是明成皇后，至今仍是激烈争论的话题。有人说这就是明成皇后，也有人说这是朝鲜宫廷的一位女仆，当时为了保障王后的安全，经常把女仆打扮成她的模样。

但有一点是确定的。1895 年 10 月 8 日，日本刺客闯入汉城的景福宫，杀害了四十三岁的明成皇后。她的尸体被焚毁，高宗逃往俄国公使馆。1896 年他回到王宫之后，厚葬了明成皇后的遗骨。

1897 年，高宗宣布自己的王国成为帝国，但十年后他的日本主子强迫他退位。1910 年，朝鲜被日本吞并，直到 1945 年。

与其苟且图存，贻羞万古，孰若大张鞑伐，一决雌雄。

——慈禧太后，《对万国宣战诏书》，1900 年 6 月

义和团运动

甲午战争给中国带来了巨大震荡。1898 年至 1901 年，大范围的饥荒和干旱引发了攻击洋人和本地基督徒的民众起义，起义者把中国的灾祸归咎于外国人和本地的基督徒。自 1900 年起，慈禧太后也支持这些起义军。

掀起起义的是一个叫作义和拳的秘密社团。义和拳的成员练习一种武术，相信它能让他们刀枪不入，不怕西方人的武器和子弹。他们的这种幻想最终当然破灭了，但在这之前他们攻击华北的基督徒和传教士，烧毁教堂和外国人住宅，并围攻了北京城的使馆区。

这次围攻于 1900 年 6 月 20 日开始，在中国有利益的八个国家（日本、俄国、法国、英国、美国、奥匈帝国、德国和意大利）借机联手发动大规模的武装报复，将近 2 万人的联军向北京进发。慈禧太后和光绪皇帝逃之夭夭。1901 年 9 月 7 日，清朝大臣同意签署丧权辱国的条约，向西方列强赔款。义和团成员和支持他们的大臣被处决，外国军队进驻北京及其周边地区。

中国的威望一落千丈，清朝受到致命打击，它延续数百年的统治很快就要结束了。

五城
練勇

意大利－埃塞俄比亚战争

意大利军队在中国参加了镇压义和团运动的行动。大约同一时期，意大利向非洲土著强加自己意志的努力却以惨败告终。

埃塞俄比亚帝国（当时欧洲人称之为阿比西尼亚）是 19 世纪 80 年代“瓜分非洲”期间极少数没有被欧洲列强殖民的非洲地区之一。但在 1895 年，弗朗切斯科·克里斯皮首相领导的意大利政府企图将埃塞俄比亚变成自己的保护国，此举导致埃塞俄比亚的独立面临严峻挑战。

意大利的权利主张的基础是 1889 年两国签订的条约当中刻意表述含糊的条款。埃塞俄比亚皇帝孟尼利克二世十分气愤，谴责克里斯皮傲慢的殖民主义，废除了两国的条约。意大利在英国的秘密支持下于 1895 年开战。他们原以为自己必胜无疑，因为意大利是拥有先进技术的欧洲国家，而埃塞俄比亚是落后的非洲国家，只有最基本的武装，比如左页这张照片（拍摄地点是沿海城镇马萨瓦的医院门外）中的原始武器。

不料，装备精良、斗志高昂的埃塞俄比亚军队大败意大利人。诸多在传统上敌视孟尼利克二世的埃塞俄比亚部落如今团结到他的大旗下。在 1896 年 3 月 1 日决定性的阿杜瓦战役中，一支意大利军队寡不敌众，被 10 万忠于孟尼利克二世的军队击溃。意大利羞耻地退却，并在随后几十年里放弃了殖民野心。克里斯皮辞职。孟尼利克二世大获全胜。他把一支欧洲侵略军赶出了非洲，保障了埃塞俄比亚帝国的独立。

敌人现在来了，要毁灭我们的国家，改变我们的宗教……在上帝佑助下，我绝不向敌人屈服。

——孟尼利克二世给埃塞俄比亚人民的宣言，1895 年 9 月

基钦纳勋爵

在非洲殖民运动的巅峰时刻，英国的一个主要战略目标是将法国阻挡在苏丹之外。苏丹位于埃塞俄比亚以北、埃及以南，自1885年起由一位称为马赫迪的弥赛亚式伊斯兰领袖的追随者统治。埃塞俄比亚的动荡给了英国人干预苏丹的借口，所以在1898年，英国招募了自己的附庸国埃及的军队，大举入侵苏丹。征服苏丹的任务被交给一位身材魁梧、脾气火爆、出生于爱尔兰的军官，也就是右页这张照片中的霍拉肖·赫伯特·基钦纳。

基钦纳虽不讨人喜欢，但在军事方面才华横溢。他在苏丹屡战屡胜，最后的高潮是1898年9月2日的恩图曼战役。此役后来非常有名，主要是因为一位名叫温斯顿·丘吉尔的年轻英国军官的参与。英国和埃及军队在此役中击溃了阿卜杜拉·伊本·穆罕默德指挥的苏丹军队。英国人将其对手称为德尔维希，但他们自称"安萨尔"，对已故的马赫迪忠心耿耿。

恩图曼战役之后，基钦纳于1899年11月末在乌姆迪维卡拉特又赢得了一次决定性胜利。于是，苏丹成为埃及和英国的保护国，基钦纳被册封为伯爵。1899—1902年的布尔战争期间，起初他担任英军副总司令，是罗伯茨勋爵的副手，之后在1900年11月成为总司令。第一次世界大战期间他担任陆军大臣，他蓄着浓密胡须的形象被用于征兵的宣传海报。

1916年6月，基钦纳搭乘战列巡洋舰"汉普郡"号时，该舰在奥克尼群岛以西触发德国水雷，很快沉没。舰上有737人死亡，包括基钦纳。乔治五世国王说他的死是"国家的巨大损失"。

相当肿胀的略带紫色的面庞，目光炯炯但有点像果冻的眼睛。

——小说家和剧作家J.B.普利斯特里对基钦纳勋爵的印象

GOD SAVE THE QUEEN

难忘的一天。我相信，我今天得到的盛大欢呼，历史上还不曾有人得到过。

——维多利亚女王，日记，1897 年 6 月 22 日

钻禧庆典

当基钦纳的军队在苏丹的沙漠中冲锋陷阵时，大英帝国全境正在举行盛大的庆典。1897 年 6 月 22 日是维多利亚女王登基六十周年的纪念日，这在英国历史上是前所未有的。

在伦敦，为庆祝钻禧举行了盛大的游行（见左图）。英国为数众多的殖民地、保护国和自治领的总督与军事代表团走上街头参加游行，向他们似乎能统治千秋万代的君主致敬。在游行和检阅的漫长一天里，七十八岁高龄、身患关节炎的女王大部分时间坐在马车上，身穿黑衣，以缅怀多位已经辞世的亲人。

为纪念这个日子，维多利亚女王写了一段简短的电文，发给帝国最遥远的角落："我衷心感谢亲爱的人民。愿上帝保佑他们。"电文很简单，但维多利亚此时已经能够与印度、加拿大和澳大利亚这些遥远的地方进行即时通信，这体现了自她 19 世纪 30 年代登基以来人类社会技术的飞跃。

在维多利亚女王在位的六十年里，发明创造和各种动荡深刻地改变了英国及其海外领地和全世界。女王本人是极少数恒定不变的因素之一。20 世纪的大幕徐徐拉开，维多利亚时代终于将要结束，而未来是什么样，没人能预测。

1900年代

黑暗黎明

死亡什么都不是，生命也什么都不是。死了，睡着了，进入虚无，这有什么要紧？万事万物都是虚空。

——玛塔·哈里的遗言

一些闻名世界的绝代佳人曾来到瓦莱里的照相机前，但很少有人能像玛塔·哈里那样给镜头、给全世界留下这样独特的印象。这位艳舞舞者、马戏团艺人、情妇和交际花的真名是玛格丽塔·海特勒伊达·策勒。不过，她的艺名展现了她那种刻意营造的神秘气氛和性诱惑力，正是这两样让她成为巴黎舞台的明星。然而，最终她来到万塞讷一座城堡的庭院。在那里，十二名法国步兵用步枪向她射击，最后一名军官用左轮手枪打得她脑浆飞溅。

1876 年 8 月 7 日，策勒出生于荷兰的吕伐登。1906 年她来到巴黎市伦敦路的瓦莱里照相馆的时候是二十九或三十岁。瓦莱里和玛塔·哈里一样，也是艺名。他的真名是斯坦尼斯瓦夫·尤利安·伊格纳齐·奥斯特罗鲁格伯爵。他从自己的立陶宛父亲那里继承了伯爵头衔、姓氏和摄影天赋。他的拍摄对象多种多样，有法国妓女，也有波斯国王。

瓦莱里拍摄的人都有故事，但像玛塔·哈里那样的戏剧性的故事不多见。她年纪轻轻就失去了母亲，当过教师然后又放弃了这一职业，嫁给患有梅毒、经常家暴和酗酒的荷兰军人鲁道夫·麦克劳德，给他生了两个孩子，失去其中一个孩子后离开了麦克劳德。她现在开始了人生的一个令人激动的新阶段，在巴黎那些老于世故的花花公子面前表演风靡一时的东方情调艳舞。

她自称印度教公主，自幼浸淫于舞蹈艺术。实际上她是个高端脱衣舞女郎，但她的表演的确精彩。她那伪托印度尼西亚语的艺名（玛塔·哈里的字面意思是“白天的眼睛”，即“太阳”）再加上她跳舞时喜好佩戴镶嵌珠宝的头饰，以及除了贴身衣物外几乎一丝不挂，吸引了不计其数的富翁的注意力。在她演艺生涯的早期，她的追捧者包括埃米尔·艾蒂安·吉美，她的首演就是在他的博物馆中举行的。后来她引起了全欧洲许多政治家和军官的关注，有些人喜欢她的表演，有些人觉得她是红颜祸

1900 年

7 月 意大利国王翁贝托一世被无政府主义者盖塔诺·布雷西刺杀。

11 月 霍拉肖·赫伯特·基钦纳成为在南非的英军的总司令，他在第二次布尔战争期间运用了焦土政策。

1901 年

1 月 维多利亚女王驾崩。她的儿子阿尔伯特·爱德华继位，头衔为爱德华七世。

1 月 英国的六个殖民地组成澳大利亚联邦。

9 月 美国总统威廉·麦金莱在纽约州布法罗参观泛美博览会时遇刺身亡。

1902 年

5 月 第二次布尔战争结束，《弗里尼欣条约》签订。

5 月 古巴脱离美国的统治，获得独立。

1903 年

11 月 巴拿马在美国政府的支持下宣布脱离哥伦比亚独立。美国政府希望在巴拿马地峡开凿运河。

12 月 莱特兄弟在北卡罗来纳州基蒂霍克测试莱特双翼飞行器成功。

12 月 玛丽·S. 居里与丈夫皮埃尔·居里和亨利·贝可勒尔共同获得诺贝尔物理学奖。

1904 年

2 月 日俄战争爆发。

7 月 西伯利亚铁路将莫斯科与俄国东部的海参崴连接起来。

8 月 瓦特贝格战役导致德属西南非洲的赫雷罗和纳马部族遭到种族灭绝。

水，希望利用她勾引和监视某些权贵。

瓦莱里拍摄的这张照片（第 176 页）展现了玛塔·哈里最仪态万方、充满诱惑力的一面。拍了这张照片之后，她的生命只剩下十一年。繁华如梦的“美好年代”即将落幕，玛塔·哈里的好运也要到头了。和她那一代的许多人一样，她最终死于第一次世界大战。玛塔·哈里与一连串不同国家的军官有过露水情缘之后，于 1917 年在巴黎被逮捕，罪名是间谍罪。法国的法庭指控她为德国服务，运用自己的性魅力刺探法国的情报。尽管证据不足，她还是被判有罪，于 10 月 15 日被处决。

玛塔·哈里是浑身洋溢着异国情调的危险分子，注定要走向毁灭。她的奇特故事颇能体现 20 世纪初的气氛：旧世界在淡去，但新世界是什么样子，没人说得清。各个旧帝国受到国内反叛和殖民地起义的考验。在英国，维多利亚女王驾崩，她的儿子继位。英王的亲戚当中包括性格越来越古怪和好斗成性的德国皇帝。沙皇仍然统治着俄国，但日俄战争和街头革命对君主制的控制力构成了严峻考验。前所未有的移民潮涌入美国，匪患、地震和总统遇刺身亡（独立后第三位）撼动了这个国家。

从太平洋诸岛到非洲之角，暴力冲突不断，军队互相冲撞，用越来越凶残致命的手段驱赶和威慑平民。在科技领域，人类取得了之前无法想象的伟大功绩：飞行、铁路和运河连通了整个大陆，牛顿物理学得到了根本性的升级改造。但技术进步往往带来新的威胁，要么刺激了新的战争，要么提供了惊人高效的杀戮武器。人类在快速奔向未来，但越是仔细观察未来，就越是让人悲观。

1905 年

1 月 圣彼得堡发生“血腥星期日”大屠杀，死伤数百人。俄国政府实施宪法改革。一场有限的革命爆发。

3 月 阿尔伯特·爱因斯坦发表他的四篇“奇迹年”论文中的第一篇，阐述了狭义相对论。

3 月 玛塔·哈里的异国风情舞蹈在巴黎吉美博物馆首演。

1906 年

3 月 女性选举权活动家苏珊·B. 安东尼去世。

4 月 旧金山地震，加利福尼亚北部的湾区大部被毁。

12 月《凯利帮的故事》在澳大利亚墨尔本首映。这是电影史上第一部故事长片。

1907 年

7 月《第三次日韩协约》将朝鲜全面置于日本的监管之下。

8 月 三国协约建立，英法俄三国结盟。

1908 年

1 月 罗伯特·贝登堡发表《童军警探》，创立国际童子军运动。

7 月 青年土耳其党的革命在奥斯曼帝国恢复了 1876 年宪法和选举政治。

9 月 第一辆福特 T 型车在密歇根州底特律出厂。

1909 年

1 月 巴拿马正式脱离哥伦比亚，获得独立。

10 月 四次出任首相的日本政治家伊藤博文在哈尔滨遇刺身亡。

12 月 比利时国王利奥波德二世驾崩。

送葬队伍

在1901年1月22日夕阳西下约一个小时之后，维多利亚女王在怀特岛的奥斯本庄园逝世，身边簇拥着爱犬和亲人。她临终前呼唤了“伯蒂”，即她的儿子和继承人阿尔伯特·爱德华。这位王子后来被加冕为爱德华七世，开启了“爱德华时代”。在欧洲别的地方，“爱德华时代”被认为是“美好年代”的末尾。

现在必须为维多利亚女王举行葬礼。英国上一次为君主举行葬礼还是在六十四年前，但维多利亚为自己的葬礼留下了明确指示：举行军事葬礼，颜色主题是不寻常的白色和金色。她将被安葬在距离怀特岛145公里的温莎费劳格莫庄园，在母亲和丈夫阿尔伯特亲王身边长眠。

女王的最后旅程具有典型的维多利亚时代色彩，气势恢宏、历史悠久的元素与鲜艳和新颖的东西交相辉映。橡木和铅制成的灵柩由马车、王室游艇和火车运载到她的安息之地，途中由强大的英国军队的威风凛凛的代表团护卫，沿途得到群众的致敬。当时的大多数英国人一辈子只经历过一位君主的统治。右边这张照片表现的是维多利亚女王的送葬马车在等待灵柩。

2月21日，大批外国贵族在温莎的圣乔治礼拜堂参加了葬礼，其中有德皇威廉二世和奥匈帝国的弗朗茨·斐迪南大公。他们谁也预想不到，十年之内他们当中的很多人会再次来到此地。

星期六的事件在儿童心中留下的印迹最为珍贵……清晨，他们被父母带去凝视黑色的伦敦……

——伦敦《泰晤士报》，社论，1901年2月4日

让我们永远记住，我们的利益在于和谐，而不是冲突；我们真正的伟大之处在于和平期间取得的成功，而不是战争的胜利。

——威廉·麦金莱在泛美博览会上的讲话，1901 年 9 月 5 日

威廉·麦金莱

1901 年，安葬自己的国家元首的国家并不只有英国一个。9 月 6 日，第 25 任总统威廉·麦金莱在纽约州布法罗参观泛美博览会，由著名的华盛顿摄影师弗朗西丝·本杰明·约翰斯通为他拍摄了左边这张照片。仅仅几个小时后，总统在近距离遭到枪击，腹部中了两弹。刺客是波兰裔美国人、无政府主义者里昂·乔戈什。他于前一年得知意大利国王翁贝托一世遭枪击身亡的消息之后就沉迷于杀死总统的想法。

乔戈什在总统的支持者队伍中排队等候，用手绢遮掩着一支左轮手枪，在近距离向麦金莱射击。总统被迅速送往医院，但八天后死于败血症。副总统西奥多·罗斯福接替他的职位。乔戈什于 10 月 29 日在纽约的奥本监狱被送上电椅。托马斯·爱迪生的电影公司后来把乔戈什受电刑的过程重演了一次，拍摄成默片，一周之内就开始公映。

共和党人麦金莱的总统任期给美国带来了巨大变化：经济增长，美西战争顺利结束，美国成功吞并夏威夷。他是最后一位参加过内战的美国总统，也是 36 年里第三位遇刺身亡的总统（前两位是亚伯拉罕·林肯和詹姆斯·加菲尔德）。他的任期标志着美国政治一个新阶段，即今天所说的“进步时代”的开始。

莱特兄弟

基蒂霍克附近的斩魔山是人类首次飞行的地方。或者更准确地说，就是在北卡罗来纳州这些有轻风吹拂的沙丘，美国的奥维尔和威尔伯·莱特兄弟进行了700多次滑翔（如左图），然后于1903年12月17日首次成功完成有动力的、重于空气的飞行器的飞行。

他们把这台飞行器称为莱特飞行器。它是一架用云杉木制成的双翼机，飞行员需要仰卧在机舱内。它只有简单的骨架结构，很难操控，在四次短暂的飞行之后毁于一阵劲风，无法修复。但不管怎么说，它毕竟飞起来了。

经历了意义重大的首飞之后，莱特兄弟努力改良他们的飞机。到1908年，他们已拥有一架能够滞空一个多小时的飞机。在欧洲和美国做的公开演示让莱特兄弟闻名遐迩。他们在俄亥俄州的赫夫曼草原开办了一家飞行学校，并向包括美国陆军在内的客户出售他们的飞机的工厂制造版本。

不过到这十年的末尾，竞争者已经迎头赶上，莱特兄弟却深陷于诉讼，希望获得专利，保护自己的设计。1912年，威尔伯·莱特因患伤寒而英年早逝；奥维尔卖掉了家族的公司，但继续从事航空业，直到他于1948年去世。那时飞机已经能飞跃大洋，突破音障，还能投掷原子弹，一瞬间就能杀死成千上万人。

近些年来我一直抱有这样的信念，即人类能够飞起来……我觉得，要不了多久，飞行就会让我损失大量金钱，甚至让我付出生命的代价。

——威尔伯·莱特给商人奥克塔夫·夏尼特的信，1900年5月

玛丽·S. 居里

玛丽·萨洛美娅·斯克沃多夫斯卡曾在华沙所谓的“飞行大学”就读，但她不是飞行家。她是那个时代最卓越的物理学家，凭借对放射性的研究两次获得诺贝尔奖。她更为人们所熟知的名字是玛丽·居里。

玛丽·居里出生于1867年，二十四岁离开波兰。虽然她毕生坚守自己的波兰身份认同，但她的绝大部分研究是在巴黎与丈夫皮埃尔·居里一起做的，直到他在1906年死于交通事故。夫妻俩共享一个实验室，发现了两种具有特殊性质的新原子：钋（得名自“波兰”）和镭（得名自它似乎在放射的“射线”）。这项研究让他们于1903年和她的博士生导师亨利·贝可勒尔一同获得诺贝尔物理学奖。

皮埃尔去世后，玛丽接过了他在巴黎大学的教授讲席，并建立镭研究所。研究所是一座超级实验室（见前页的照片），她在这里继续开展对核能和放射性的研究。1910年，她成功分离出纯镭金属单质，并于1911年第二次获得诺贝尔奖，这次是化学奖。第一次世界大战期间，她与红十字会合作，用流动的X光机帮助医治伤兵。

在第一次世界大战爆发之前，居里夫人在法国经常受到嘲讽和排挤，因为她是女性和外国人，还被怀疑是犹太人。但战争结束后，她得到了普遍的赞颂。她视金钱如粪土，她的伟大科学贡献为她赢得了崇高声誉。她是一位科学巨人。在那个时代，这样的巨人还有很多。

你和一个漂亮姑娘一起坐了两个小时，你觉得只过了一分钟；你坐在酷热的火炉旁一分钟，却以为过了两个小时。这就是相对论。

——按照《纽约时报》的说法，
这句话出自爱因斯坦之口，1929年

阿尔伯特·爱因斯坦

玛丽·居里首次获得诺贝尔奖的两年后，一位在瑞士伯尔尼专利局工作的二十六岁德国青年正忙着革新科学界对宇宙建构的理解。

右页这张照片里的阿尔伯特·爱因斯坦已经人到中年，仍然蓄着黑色小胡子和年轻时就喜欢的蓬乱发型。1905年，默默无闻的爱因斯坦在《物理年鉴》期刊发表了一系列论文，试图推翻三个世纪以来牛顿物理学对时间、空间、能量和质量的理解。他的论文的一部分是在“思维实验”的基础上写成，也就是说依靠理论计算，而没有经过实验。

爱因斯坦在1905年撰写的论文之一《论运动物体的电动力学》中提出了他最著名的理论：狭义相对论。该理论调和了长久以来关于空间与时间关系的一些互相矛盾的理念，并解释了以接近光速运动的物体的奇怪表现。狭义相对论包括一个方程，用于描述质量与能量的关系。后来这成为科学史上最经常被引用的方程之一：$E=mc^2$。

十年后的1915年，爱因斯坦提出了第二种理论：广义相对论。这拓展了他之前的观点，将重力描述为时空的一种表达。他于1922年获得诺贝尔物理学奖。20世纪30年代欧洲陷入战争之时，他移民美国。1955年爱因斯坦去世前不久还在重新构建关于宇宙的多种概念。

留声机

科学天才和雄心勃勃的发明家拓展了人类知识的边界，而普通人能够应用的技术也在进步。1877 年，托马斯·爱迪生发明了留声机（phonograph）；二十五年后，唱机（Gramophone，起初是商标名，而不是泛指所有留声机）成为大众商品。

唱机的发明者是出生于德国的商人爱米尔·贝利纳，他的其他兴趣包括设计原始的直升机。唱机播放的是扁平的压缩唱片，自 1909 年起唱片上装饰着著名的标签：一只名叫尼珀尔的狗听着留声机里传来的主人的声音。左侧这张照片很不寻常，表现的是一头狮子在听留声机。拍摄者是德国的新闻摄影记者菲利普·凯斯特，他还拍摄过在骆驼、长颈鹿、大象、棕熊、美洲驼和雄鹿旁边播放留声机的照片。

20 世纪初令消费者激动不已的新奇设备不只有留声机。消费者可以考虑购买本茨（奔驰）或戴姆勒公司生产的使用汽油的汽车，通用电气的烤面包机，吉列安全剃刀公司的剃须刀，威尔·凯洛格的家乐氏公司的玉米片，或者柯达布朗尼照相机。

吸尘器、测谎仪、挡风玻璃雨刷、空调、电木和赛璐玢都是在这个时期发明的。随后的岁月里，尤其在美国，这些东西逐渐变成日常生活的一部分。这是全世界很多人热切希望移民到美国的原因之一。

我不喜欢听留声机尖细的嘶嘶声。它们永远不能真正表现人声……

——马克·吐温对留声机表示怀疑，

《伦敦记事报》，1907 年

应当制定法律，阻止所有低素质的移民入境。

——美国总统西奥多·罗斯福，

一封涉及移民问题的书信，1906 年

埃利斯岛

1907 年，美国历史上诞生了一项将维持近 90 年的纪录：这一年有 1285349 名移民抵达美国，这比从詹姆斯敦定居点建立到 1812 年战争之间两百年的移民总数还多。

1890 年，联邦政府从各州政府那里接管了移民政策，在纽约港的埃利斯岛建立了新移民的入境检查中心。这座建筑后来毁于火灾。1900 年 12 月 17 日，埃利斯岛上一座新的防火建筑对外开放，第一天就接待了 2251 人。移民潮汹涌澎湃了很多年，大群移民从南欧和东欧来到美国，逃离贫困、战争、匮乏或迫害（尤其是俄罗斯帝国对犹太人的迫害）。

右页这张照片表现的是儿童在埃利斯岛接受常规体检。这是入境过程的一个核心部分，检查入境者是否患有呼吸道疾病、斑疹伤寒之类的细菌性疾病、真菌感染和精神疾病。被发现患有疾病的人要么在岛上的医院接受治疗，要么被遣送回原籍。

埃利斯岛作为美国的边境检查站一直运转到 1954 年关闭之时，但它的运转处于越来越强烈的反移民情绪之下。1921 年和 1924 年，联邦政府先后通过法律，限制移民人数。美国大熔炉的盖子又被强行盖上了。

BAGGAGE
EXAMINED
HERE

上尉走进房间时已经掏出左轮手枪，但还没来得及开枪，卡西迪已经抢先开火。上尉中弹倒地，死了……

——《麋鹿杂志》的文章，1930 年

布屈·卡西迪

不法之徒布屈·卡西迪（最右，坐者）是移民的儿子。他的父母于 19 世纪中叶离开英国，定居到犹他州，成为摩门教徒农场主。

卡西迪的父母有十三个孩子，卡西迪排行老大。他生于 1866 年，原名罗伯特·勒罗伊·帕克，因为曾在肉店短暂工作而获得众人皆知的化名“布屈”（意为“屠宰”）。卡西迪在 1889 年抢劫科罗拉多州一家银行之后臭名远扬。后来他纠集了一股土匪，以怀俄明州为基地，抢劫牲口。他们被称为“布屈·卡西迪帮”或“墙中洞”匪帮。

左边这张摄于 1900 年前后的照片中的匪帮成员是：（站立，从左向右）比尔·卡佛和咖喱小子，坐着的是哈利·隆格巴（也叫日舞小子）、本·基尔帕特里克和卡西迪。

在拍摄这张照片的时候，这些人及其同伙已经在好几个州被悬赏缉拿，罪名包括抢劫银行和火车、躲避（并经常嘲弄）警方和著名的平克顿侦探社的追捕队伍。

拍摄这张照片之后不久，卡西迪和隆格巴用赃款购买了巴塔哥尼亚的一家农场，显然是要金盆洗手。然而没过多久，他们又重操旧业。1908—1911 年，他们又销声匿迹了。

后来流传的说法是，他们在与玻利维亚骑兵的枪战中死亡，但卡西迪的一个妹妹说他回到了美国，隐姓埋名地生活，1937 年寿终正寝。不管他的真实命运如何，他的人生和传奇已经成为美国西部的经典故事之一。

旧金山遭遇死亡与毁灭的命运……城市化为浓烟滚滚的废墟。

——《旧金山之声》《旧金山记事报》《旧金山观察报》
联合出版，1906 年 4 月 19 日

旧金山地震

在加利福尼亚州的地下，圣安德列斯断层延伸 1200 公里，把地球的两个地壳构造板块连接起来。这种连接很不稳定，造成了一些大规模地震，但很少有 1906 年 4 月 18 日清晨 5 时 13 分旧金山地震那样严重的。此次地震摧毁了旧金山城的大部分、周边的湾区和断层沿线 476 公里的诸多定居点。

旧金山地震持续 42 秒，震级高达里氏 7.9 级，并且震中几乎恰好在人口密集的大城市之下，所以造成严重破坏。保守估计有 3000 人死亡，约 2.8 万座房屋被毁，将近 25 万人无家可归。

然而，造成最大破坏的不是最初的板块运动，而是持续三天的火灾（见右页照片）。火灾原因是煤气总管破裂，引发大火。4 月 18 日，旧金山消防局局长丹尼斯 · T. 苏利文被一座倒塌的建筑压死。没了他的指挥，救火的工作十分不力。人们试图用炸药摧毁一些房屋，从而制造防火隔离带，不料却让火情加剧。美国陆军和海军奉命参加救灾，市长宣布实施军管，命令将所有趁乱抢劫的人就地枪决。

尽管地震的短期后果十分严重，但也为大规模重建和复苏城市提供了机遇。贫民窟被清除，缆车被修复，公共场所得到重新设计。旧金山湾周围，新的定居点如雨后春笋般崛起，为那些在地震之后离开旧金山市的人提供住所。不到十年，旧金山就再次成为加利福尼亚北部的“发动机”。

巴拿马运河

重建旧金山是艰巨的工作，但还不是20世纪初美国工程师面临的最具挑战性的使命。在旧金山东南方4000公里之外，现代世界的一大奇观——巴拿马运河正在成形。这条水道通过连接南北美洲的地峡，连通加勒比海与太平洋，把美国东西海岸之间的航运时间缩短了好几周。

自西班牙人征服美洲的时代就有人考虑开凿巴拿马运河的可能性。19世纪80年代，在斐迪南·德·雷赛布（苏伊士运河的设计者）领导下，运河在巴拿马破土动工。不过，潮湿、疟疾肆虐的恶劣条件和巨额开销（运河需要比海平面高25米）打败了法国人。

接管这个项目需要美国总统西奥多·罗斯福动用他的狡黠。因为巴拿马是哥伦比亚的一部分，他于1903年鼓励巴拿马人起来反抗哥伦比亚的统治，为巴拿马起义军提供资金和武装，帮助他们脱离哥伦比亚取得独立。然后，他从新的巴拿马政府那里租借了运河所在地区，让巴拿马政府允许美国人开凿运河并无限期经营它。

左边这张照片表现的是运河的三座庞大船闸的施工场面。从1907年开始，美国陆军将领乔治·华盛顿·戈瑟尔斯负责主持运河项目，比原计划提前两年完成这项非同一般的工程。这是当时美国人承建的最大规模的工程，最后于1914年8月15日开始营业。巴拿马运河象征着一个新的世界超级大国正在崛起。

美洲大陆上没有哪项未动工的宏大工程比巴拿马运河对美国人民的意义更重大。

——西奥多·罗斯福对国会的讲话，1902年

这是全球化的交通方式，东西方之间的物资交流必然会通过它进行……

——谢尔盖·维特谈西伯利亚铁路，1902 年

西伯利亚铁路

在美国人开凿巴拿马运河的同时，太平洋的另一边，一项同样雄心勃勃的现代基础设施奇观即将竣工。西伯利亚铁路于 1904 年 7 月 21 日竣工，连通了莫斯科和俄罗斯帝国东端边缘的海参崴（也作符拉迪沃斯托克）。

该工程的远东部分于 1890 年由当时的皇太子（后来的尼古拉二世）奠基，但铁路真正的规划者是出生于格鲁吉亚的谢尔盖·维特伯爵。该工程期间，他担任俄国财政大臣，工程结束后的那一年他成为首相。西伯利亚铁路总长超过 9000 公里，仅在贝加尔湖有一处中断，在那里需要用驳船将乘客和货物运过湖面。1914 年从莫斯科到海参崴的旅程还需要六周，但在西伯利亚铁路竣工后就只需要不到十天了。

西伯利亚铁路是俄国社会内部变革的催化剂。约 400 万农民从俄国西部乘坐拥挤的三等车厢迁移到西伯利亚，到新的土地上寻找工作机遇。

世纪之交铁路运载能力的大幅提升也刺激了俄国工业。1860—1917 年，大规模修建铁路的工程让俄国铁路网络的总里程从 1600 公里增加到 72000 公里。下诺夫哥罗德的索尔莫沃钢铁厂（如图）之类的工厂开始制造成千上万台蒸汽机车。铁路的用途不仅仅是休闲和贸易。西伯利亚铁路开始营业后的那年，火车从莫斯科向东隆隆行驶，运送军队和战争物资。

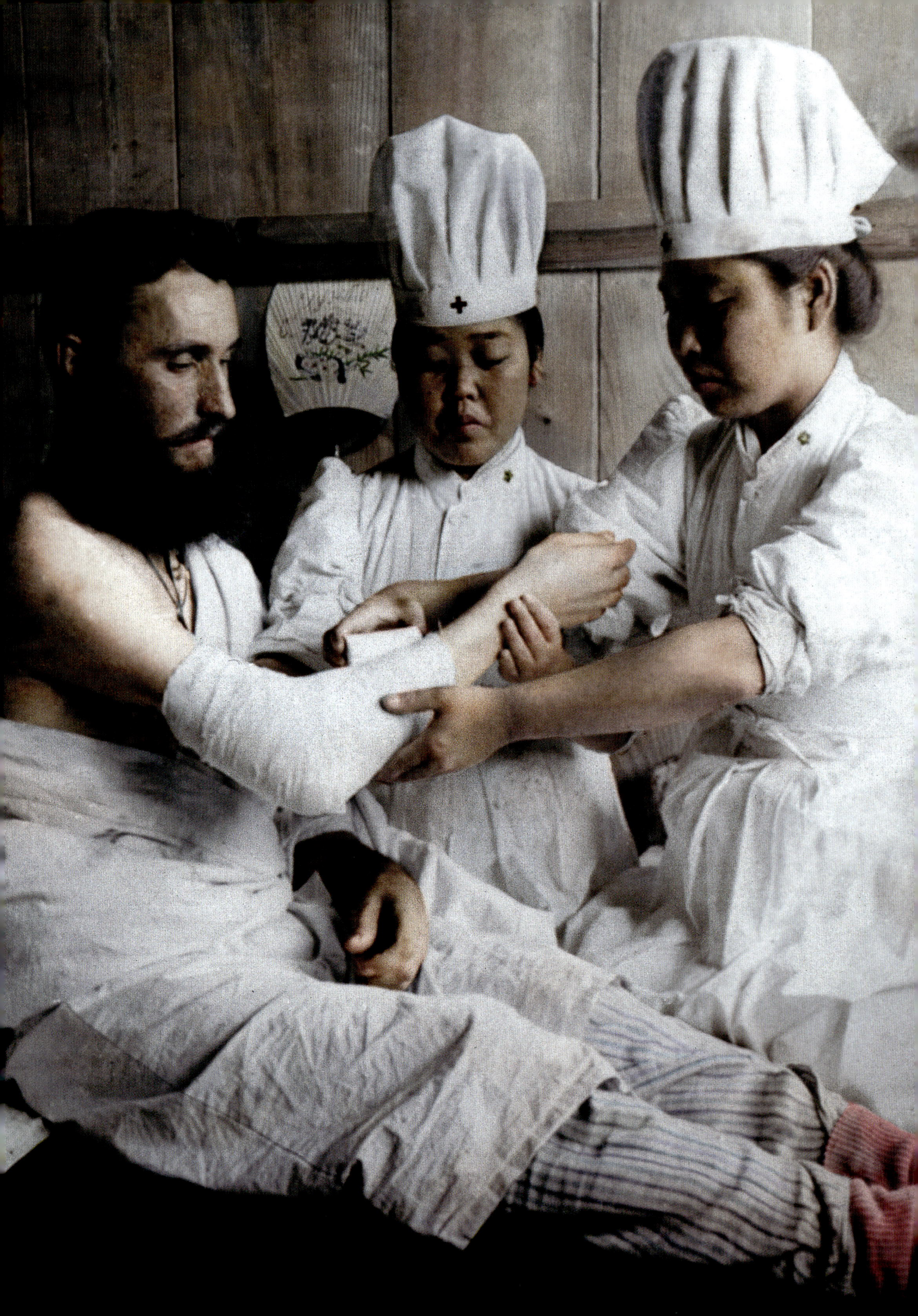

日俄战争

与其说俄国的将军不如日本，倒不如说俄国的战斗力不如日本，而这是因为俄国人对战争没有热情……

——《俄国人为什么输掉了近期的战争》，《纽约太阳报》，1906 年 8 月

俄国的铁路是引发战争的因素之一。在修建西伯利亚铁路的同时，沙俄政府还在中国东北铺设了铁轨。俄国在旅顺口拥有军事基地。旅顺口是俄国从清政府那里租借的一个黄海温水港。从 1897 年开始，一支俄国舰队在那里驻扎。1899—1901 年的义和团起义之后，成千上万的俄国士兵驻扎到了满洲地区。

俄国在中国的军事集结引起了日本的关注。日本领导人认为俄国在远东的野心是对日本在该地区势力的直接威胁。德皇威廉二世则鼓励尼古拉二世控制满洲地区（和附近的朝鲜半岛）。他在大量书信里主张，只有俄国才能阻止日本称霸太平洋。威廉二世用种族主义的言辞把日本的崛起称为“黄祸”。

1904 年 2 月 8 日，日俄战争爆发。日军用鱼雷袭击旅顺港内的俄国战舰，开始了长达 11 个月的旅顺攻防战，这场战役以俄军投降告终。陆战同样激烈：在 1905 年 2 月 20 日至 3 月 10 日的盛京（沈阳）战役中，双方的总伤亡人数超过 15 万。左页这张照片表现的是国际红十字会的日本护士在照料一名俄国伤兵。红十字会的日本分支在 1905 年拥有 100 万会员，是世界上最大的分支。

日本打赢了这场战争的每一次重大战役，所以日本人民对最后达成的不偏不倚的和约感到失望。美国总统西奥多・罗斯福居中调停，促使日俄两国于 1905 年 9 月 8 日在新罕布什尔州朴次茅斯签署了和约。与此同时，在俄国国内，战争的惨败引发了一场叛乱。四面受敌的沙皇尼古拉二世被迫同意开展大规模改革、施行多党政治，并颁布新的宪法。

布尔战争

印度独立是大英帝国内部一个特别有争议的问题，但还没有像世纪之交的非洲南部那样爆发公开的武装冲突。

布尔战争的一方是来自开普殖民地的大英帝国军队，另一方是德兰士瓦与奥兰治自由邦（二者都是自治的共和国）中说南非荷兰语的农场主（布尔人）。双方错综复杂的争议的核心是，英国希望统治一个联邦制的南非，并获得它宝贵的黄金和钻石矿，而布尔人决心抵抗英国。

战争于 1899 年 10 月 11 日爆发，经过一年的激战，兵力更强的英国军队取得了好几次重大胜利，占领了布尔人的首都布隆方丹和比勒陀利亚，并成功援救遭到长期围攻的马弗京。马弗京的守军指挥官是罗伯特·贝登堡，他后来创立了童子军运动。

不过从 1900 年秋季开始，战争变得更加凶残。英军的新任总司令基钦纳勋爵为了对付布尔人的游击战，悍然运用焦土政策，摧毁布尔人的农场，将其居民（包括黑人劳工）投入集中营（如图）。

这些集中营的管理很差，并且英国人对待布尔人的手段也很残忍。1902 年 5 月 31 日，布尔人投降，战争结束。此时已有约 2.8 万布尔人和 2 万非洲黑人死于集中营，要么是饿死的，要么是病死的。这种草菅人命的暴行预示了新世纪的一种新型的残酷战争。

悲剧结束了。大幕落下，布尔人成为英国臣民，两个勇敢的小共和国不复存在。

——布尔人将军扬·史末资给妻子的信，1902 年 6 月 1 日

赫雷罗战争

在英国人把布尔人和非洲黑人驱赶进集中营的同时，北方的德属西南非洲（今天的纳米比亚）发生了更多暴行。土著的反叛招致殖民者的残酷镇压。

自19世纪80年代德国在“瓜分非洲”期间殖民西南非洲以来，德国的帝国主义统治经常在殖民者与土著赫雷罗人和纳马人部落之间引发冲突。1903年，赫雷罗人酋长塞缪尔·马哈雷洛率领一群装备木棒的武士奋起反抗，但于次年在瓦特贝格战役中被一支兵力少得多却拥有现代化步枪和机枪的德国军队打败。德军指挥官洛塔尔·冯·特罗塔中将在战场上取得胜利之后，刻意将落败的赫雷罗人驱赶进奥马海凯沙漠，枪杀了许多土著，并确保剩余的人在沙漠里痛苦地死于干渴。

幸存者则被关进集中营，其中最臭名昭著的是鲨鱼岛集中营。这是一座疾病横行的奴隶劳动营，饥肠辘辘的犯人遭到殴打，做苦力一直到死。在残酷的磨难当中，有约65000名赫雷罗人死亡。左边这张照片是用来“洗白”殖民政府的宣传照，最早刊登在德国的新闻周刊《柏林画报》上，表现的是赫雷罗妇女身穿西式服装。这张照片没有讲述一个民族经历恐怖折磨的真实故事。2004年，德国政府承认这是一次种族灭绝。

让我们战斗到死，而不是死于虐待、囚禁和其他的灾难……

——塞缪尔·马哈雷洛给纳马人酋长亨德里克·维特布伊的信，1904年

美国－菲律宾战争

在曾为西班牙殖民地的菲律宾，发生了另一场长期起义。冲突中的一方是美国军队，他们在 1898 年《巴黎条约》签署、美西战争结束之后占领了菲律宾群岛；另一方是菲律宾人，他们坚持认为菲律宾第一共和国是菲律宾群岛上合法、独立的政府。

1899 年年初，双方之间的关系越来越紧张。2 月 4 日，在马尼拉附近的圣梅萨村，一名美国士兵开了枪，此后发生了为期两天的马尼拉战役，导致数千名菲律宾人死亡，美军损失数百人。与古巴人、布尔人和赫雷罗人经历的冲突一样，这也是一场装备精良的占领国正规军与装备很差但斗志顽强的游击队之间的战争。

双方都被指控犯下了战争暴行。美军杀戮、强奸和残酷地虐待平民，掳掠财物，将大批菲律宾人（如右页照片）关进条件恶劣的集中营。起义军则将俘虏钉死在十字架上，活埋或者用咬人的蚂蚁折磨他们。

1902 年 7 月 1 日双方签署和约，美国总统威廉·麦金莱向菲律宾授予有限的自治权，但残酷的暴力冲突并没有因此完全结束。坚定的起义军老兵宣布建立"他加禄共和国"（他加禄人就是菲律宾人，他们说的语言叫他加禄语），一直坚持战斗到 1906 年。起义军的最后据点直到 1913 年才被消灭。

如果诚实的美国爱国者能够理解这份宣言的悲哀真相，我们相信他们一定会立刻阻止这种不可言说的恐怖恶行。

——埃米利奥·阿奎纳多，

菲律宾第一共和国总统，1900 年

青年土耳其党

1906—1908 年，以革命为宗旨的青年土耳其党在奥斯曼帝国崛起。他们的目标是推翻苏丹阿卜杜勒·哈米德二世的专制统治，重新建立宪政国家。

阿卜杜勒·哈米德二世于 1876 年登基，在位三十年，蒙受了很多耻辱。他努力推动土耳其经济和基础设施的现代化，但他的功绩受到了玷污：不断发生起义和对外战争；他犯下了屠杀亚美尼亚人的罪行，还用专制手段镇压国内的反对派。

1905 年，苏丹遭到亚美尼亚人行刺，侥幸逃生。1908 年夏季他的命运被决定，一群心怀不满的青年土耳其运动（一个由陆军军官和反政府的自由派人士组成的联盟）成员发动起义，反抗外省政府。反抗情绪蔓延到帝国全境。苏丹认识到，保住自己地位的唯一办法是重新颁布他于 1878 年废止的议会制宪法。

奥斯曼帝国的第二个宪政时代和青年土耳其党主政的时期就这样开始了。德国摄影师尼古拉·佩尔沙德拍摄的这张照片（左页）中的人物是青年土耳其党的领导人之一、陆军军官恩维尔帕夏。

尽管有 1908 年的改革，阿卜杜勒·哈米德二世还是于次年被废黜，他的兄弟穆罕默德五世取而代之。具有讽刺意味的是，恰恰是穆罕默德五世的统治和恩维尔帕夏的领导，让奥斯曼帝国注定要土崩瓦解和受辱。1914 年，恩维尔帕夏（时任陆军部长）带领土耳其站到德国那边，参加第一次世界大战。1915 年针对亚美尼亚人的种族灭绝导致 150 万人死亡，主要罪人就是恩维尔帕夏。1922 年，恩维尔帕夏死于俄国内战。

帝王的独特宝藏任他采撷；人们只能在梦中得到的东西，他醒着的时候通过继承获得……

——罗德亚德·吉卜林，《死国王》，1910 年

九位国王

在英国，20 世纪的第一个十年以王室葬礼开始，也以王室葬礼告终。1910 年 5 月 20 日，王室专列再次驶往温莎，送去了另一位君主的遗体。这次是享年 68 岁的爱德华七世。他 122 厘米的腰围和几乎一刻不停地吸烟和吸雪茄的习惯导致他在两周前死于心脏病发作。

七十多个国家的代表和十几位欧洲王室成员前来哀悼他。葬礼期间拍摄的这张照片（后面跨页图）非常罕见，也许还是独一无二的，因为它表现了九位国王齐聚一堂。

从左至右分别是：（后排）挪威国王哈康七世、保加利亚沙皇斐迪南一世、葡萄牙国王曼努埃尔二世、德皇威廉二世、希腊国王乔治一世、比利时国王阿尔贝一世，（前排）西班牙国王阿方索十三世、爱德华七世的儿子和继承人乔治五世，以及丹麦国王弗雷德里克八世。

这些国王中有几位是近亲：哈康七世是弗雷德里克八世的儿子和乔治五世的妹夫，德皇是乔治五世的表兄。好几位很快将面临生存危机。这张照片拍摄后不到十年，斐迪南一世和德皇威廉二世被迫退位，曼努埃尔二世被废黜，乔治一世被刺杀。德国和葡萄牙的君主制被废除，另几个国家的君主的权力也受到大幅削减。

君主的时代即将结束，很快就会和其他很多东西一样，被第一次世界大战的恐怖浪潮卷走。

1910年代

战争与革命

我们死去了，就在几天前 / 我们曾经拥有生命，沐浴曙光又见璀璨夕阳 / 我们爱人，也为人所爱，可现在却安息在 / 佛兰德战场。

——约翰·麦克雷，《在佛兰德战场》，1915 年欧内斯特·布鲁克斯少尉是在金碧辉煌的环境里学会摄影的。他自从年轻时买了第一台照相机起，就经常拍摄欧洲公主们的婚礼和英国国王猎虎，还陪同英国王室去过南非和印度。布鲁克斯在伦敦的摄影馆距离白金汉宫不远。他喜欢自称为英国王室的官方摄影师。

不过在 1916 年 11 月的这一天，流光溢彩的生活仿佛已经属于另一个世界。布鲁克斯站在法国北部索姆河附近博蒙阿梅尔的一处遭受过狂轰滥炸、满地烂泥的堑壕内，将镜头对准这具腐烂的德军死尸和暴露的头骨（见第 214 页照片）。索姆河战役是人类经历过的最恐怖的战役之一，有将近 100 万人死亡，布鲁克斯拍摄的只是其中之一。

1916 年的四个半月里，索姆河河谷战栗不止。榴弹炮和地雷发出巨响，军用飞机在空中嘶鸣，坦克隆隆驶过烂泥地，碾平 45 米宽的带刺铁丝网防线。空气中饱含雨意，弥漫着剧毒的光气弹散发出的干草腐烂般的臭气。仅在战役首日（7 月 1 日），协约国军队就损失 6 万人。年轻的士兵被送上死路，端着带刺刀的步枪，走向敌人的机枪火力网。一位曾在索姆河作战的英军上尉描述道，死尸“堆积起来……成了六英尺高的小山。温热的人血在阳光照耀下散发出一种独特的令人作呕的气味，我当时就觉得永远没办法把这气味从我鼻孔里赶走了”。

威尔士诗人戴维·琼斯回忆自己作为一名步兵参加索姆河战役的经历，带着诗意想象战争的恐怖，写下了《在括号中》。“死亡是个甜妹子，她今天去浪荡了一把；带着臭婊子的自信在高地上行走，不知羞耻，丝毫不掩饰自己的胃口，袒胸露乳，色眯眯地看着你，看着我。”琼斯是众多通过诗歌来表达自己的战争体验的参战者之一，其他士兵诗人还包括威尔弗雷德·欧文和西格弗里德·沙逊。琼斯也是因在索姆河的经历而蒙受精神创伤的人之一，他们往往会反复经历严重的精神崩溃。琼斯多

1910 年

1 月 第一次公开的无线电广播，播报地点是纽约的大都会歌剧院。

5 月 英国国王爱德华七世驾崩，乔治五世继位。

11 月 长期担任墨西哥总统的波费里奥·迪亚斯通过腐败手段再次当选，引发墨西哥革命战争。

1911 年

5 月 波费里奥·迪亚斯离开墨西哥，流亡到法国。

10 月 中国各地发生起义。次年“中华民国”宣告成立。

1912 年

1 月 罗伯特·法尔肯·斯科特及其同僚抵达南极，发现罗尔德·阿蒙森已经捷足先登。斯科特等人在返回基地的途中死于严寒和饥饿。

4 月 游轮“泰坦尼克”号因撞上冰山而沉没。超过 1000 名乘客和船员溺死。

8 月 中国国民党成立。

1913 年

3 月 希腊国王乔治一世遇刺身亡。

5 月 伊戈尔·斯特拉文斯基的现代主义芭蕾《春之祭》在巴黎首演，引起震动。

6 月 妇女参政论者埃米莉·戴维森在埃普索姆的德比赛马会期间冲向国王的赛马，因遭踩踏而身负致命伤。

1914 年

2 月 查理·卓别林的第一部电影上映，他的“小流浪汉”形象登上银幕。

6 月 弗朗茨·斐迪南大公在萨拉热窝遇刺身亡，促使各国动员军队，最终引发第一次世界大战。

9 月 马恩河战役和德军冲向大海的行动将西线确立在佛兰德和法国。

次出现精神崩溃的症状，他的状况如果在 21 世纪就会被诊断为创伤后应激障碍（PTSD）。

索姆河战役仅仅是诸多血腥战役之一。第一次世界大战中的那些战役和战斗的名字将会永载史册：马恩河战役、凡尔登战役、坦能堡战役、伊普尔战役、加里波利战役、日德兰海战、春季攻势和百日攻势。这场运用 19 世纪军事策略和 20 世纪军事技术的战争把欧洲、非洲和中东掀得底朝天。落后的策略和先进的武器的组合把整整一代人送进了坟墓。

在被送进第一次世界大战的堑壕的新发明当中，很少有像照相机这样无害，或者说无用的。布鲁克斯少尉是英国陆军的第一位官方摄影师，在达达尼尔海峡和西线拍摄了超过 4000 张照片，用他的格茨－安许茨轻型折叠照相机（尺寸够小，可以装进背包）记录了规模前所未有的血腥残杀。布鲁克斯坚决反对摆拍战争照片，所以他对这场战争（作家 H. G. 威尔斯称其为“结束一切战争的战争”，这真是个悲哀的错误）的粗糙的原始记录显得格外恐怖。

协约国与同盟国这两个国际阵营之间的致命冲撞主宰了 20 世纪的第二个十年。战争于 1914 年爆发，在 1919—1920 年通过停战协定和一系列有严重缺陷的和约而结束。但除了佛兰德和东普鲁士的杀戮外，这十年里也发生了其他一些事件：极地探险；远洋班轮开始运营；艺术、音乐与舞蹈方面出现了无拘无束的大胆实验。这也是革命的年代，中国、墨西哥和俄国爆发了革命；也是流行病的年代，医学领域出现了一些令人胆寒的新问题。战争、疫病和死亡仿佛《启示录》中的骑士，正风驰电掣般冲过人间。堑壕底部的骷髅只是这一切的开始。

1915 年

2 月 D. W. 格里菲斯的创新电影《一个国家的诞生》公映。它明目张胆的种族主义鼓动了三 K 党的复兴。

4 月 加里波利战役在达达尼尔海峡开始，协约国军队最终失败并撤退。

5 月 德国 U 型潜艇击沉英国班轮“卢西塔尼亚”号。

8 月 沙皇尼古拉二世亲自接管东线俄军的作战指挥权。

1916 年

4 月 爱尔兰民族主义者在都柏林的复活节起义遭到英国镇压。

5 月 日德兰海战爆发，250 艘舰船参战。

5 月 根据《赛克斯－皮科协定》，英法将秘密瓜分中东。

7 月 索姆河战役开始，一天之内就伤亡超过 6 万人。

12 月 神秘主义者和皇室宠儿格里高利·拉斯普京在圣彼得堡被谋杀。

1917 年

2 月 齐默尔曼电报表明德国企图诱使墨西哥入侵美国。

4 月 美国加入英法阵营，参加第一次世界大战。

11 月 布尔什维克革命爆发，罗曼诺夫皇朝灭亡，俄国建立社会主义政权。

11 月《贝尔福宣言》宣布，英国“支持”在巴勒斯坦建立“犹太人的民族家园”。

1918 年

3 月 美国堪萨斯州发现“西班牙大流感”有据可查的第一例病情；“西班牙大流感”后来成为世界性流行病。

4 月 德国战斗机王牌飞行员“红男爵”曼弗雷德·冯·里希特霍芬阵亡。

11 月 德国军方领导人签署停战协定，第一次世界大战结束。德皇威廉二世退位。

1919 年

1 月 巴黎和会召开，最终签署《凡尔赛和约》，严厉惩罚德国在第一次世界大战中的行为。

1 月 美国通过禁酒的宪法修正案，联邦政府开始禁酒。

墨西哥革命

从19世纪70年代开始，墨西哥政府一直被战争英雄波费里奥·迪亚斯把持。他担任总统的时期被称为“波费里奥时代”。他实施独裁统治，推动现代化，增加国家财富，但代价是腐败、压迫和政治分赃。不过到了1910年时，迪亚斯已经垂垂老矣，墨西哥在寻找新的领导人。明显有暗箱操作的腐败选举让这位八旬老人再次当选总统，国民忍无可忍，掀起反叛和内战。

最著名的革命者之一是游击战领导人弗朗西斯科·“潘乔”·比利亚。在1914年1月拍摄的这张照片（左页）里，他和饱受磨难的妻子卢斯·科拉尔在一起。比利亚在墨西哥北部的奇瓦瓦州投身反抗迪亚斯的斗争，很快展现出领导才干和超凡的生存能力。1912年，他在即将被枪决的时候居然说服了刽子手，逃得性命。

比利亚是精明强干的强盗、爱拈花惹草的好色之徒和富有领袖魅力的土匪兼自由斗士。他刻意迎合好莱坞新闻影片公司，让这些公司付钱给他，拍摄默片记录他的南征北战。但1916年比利亚与美国的关系受到了严峻考验，因为他率军入侵了新墨西哥州。一支5000人的美军追踪他一年多，但他最终成功逃脱。

1917年墨西哥颁布新宪法，革命基本结束。但在随后几年里，革命领袖们遭到清洗。潘乔·比利亚于1923年7月遇刺。他从帕拉尔市的一家银行提取一批黄金之后，在自己的汽车里遭枪击身亡。

我胡里胡涂地做了三年皇帝，又胡里胡涂地退了位。

——溥仪，《我的前半生》，1964年

辛亥革命 ▶

中国也发生了革命，延续2000多年的帝制终于灭亡。

1908年，光绪皇帝突然驾崩，年仅三十七岁。他可能是被毒死的，幕后指使可能是中国的真正统治者、身患疾病的慈禧太后。她于次日去世。慈禧太后临终前指定两岁的孩子溥仪为继承人。他将成为清朝最后一位皇帝。

年幼的溥仪无力理政，他登基三年后，从1911年10月的湖北武昌开始，发生了一系列革命起义。后面这张照片表现的是一轮革命暴力活动之后，被斩首的犯人横尸街头。1912年，要求结束帝制的呼声已经不可阻挡。2月，溥仪退位。

中国在理论上成为共和国，但实际上陷入了几十年的动荡。共和主义者、民族主义者、帝国主义者以及军阀互相杀伐，争夺权力。

一份名为《关于大清皇帝辞位之后优待条件》的文件保障了年轻皇帝的安全。溥仪在余生中多次试图收复自己的权力。1917年他在日本人的支持下短暂复辟，1932—1945年成为伪满洲国的傀儡统治者。中国的末代皇帝于1967年在医院里去世。

“新地”号

南极洲是地球上自然环境最恶劣的大洲，也是海军上校罗伯特·法尔肯·斯科特的“新地”号探险的目的地。由65名军官、水手和科学家组成的远征队于1910年6月从威尔士加的夫起航。在将近一百年的时间里，有许多探险家拜访过南极的冰原。斯科特本人曾与欧内斯特·沙克尔顿等同僚在1901—1904年乘坐“发现”号去过南极。不过，还没有人抵达过南极点。斯科特决心成为完成此项壮举的第一人。

远征队于1911年1月4日抵达麦克默多湾的埃文斯角。他们上岸不久之后，随队的摄影师赫伯特·庞廷拍下了左页这张照片。他从冰山内部的一个洞穴向外眺望，可以看到地质学家托马斯·格里菲斯·泰勒和气象学家查尔斯·怀特。（背景可见停泊的“新地”号。）庞廷在南极洲曝光了超过700张玻璃相板，后于1912年3月动身返回英国，打算用这些照片组织巡回募资活动，并请斯科特发表演讲。

然而庞廷和“新地”号起航离开的时候，斯科特却踪迹全无。他和四名同僚于1月17日抵达南极点，却发现挪威探险家罗尔德·阿蒙森比他们早到了一个月。斯科特和他的伙伴在返回途中全都死于寒冷和营养不良。这一年死于天寒地冻的荒野的人不止他们几位。

如果我们能活下去，我就能讲述我的伙伴们经历千难万险、勇敢地忍耐的故事，必定能打动每一个英国人的心。但如今只能由这些粗略的笔迹和我们的尸体来讲述这个故事了……

——罗伯特·法尔肯·斯科特日志的最后一段，

1912年3月29日

“泰坦尼克”号

跨大西洋的定期客轮“泰坦尼克”号高 53 米、长 269 米，有 9 层甲板，巡航速度 21 节。1912 年 4 月 10 日它开始自己的首航、离开南安普敦前往纽约的时候，它是大洋上最雄伟的船只。

然而，不到一周之后，它就成了海底最大的船只。当“泰坦尼克”号在纽芬兰以南数百公里处撞上冰山、船体破裂时，船上的时间是 4 月 14 日夜间 11 时 40 分。

船员们放下了救生艇，但救生艇数量太少，不足以容纳 1316 名乘客和将近 1000 名船员。“泰坦尼克”号在撞上冰山三个小时之后解体并沉没。接到求救信号赶来的“喀尔巴阡”号救起 705 人，但“泰坦尼克”号上的大部分人葬身冰海。

右边这张照片里的卖报男孩是奈德·帕菲特，他正在白星航运公司的伦敦办公室门外卖《新闻晚报》。白星航运公司就是建造和运营“泰坦尼克”号的企业。对“泰坦尼克”号沉没的两次官方调查认定该公司对灾难没有责任。两次调查都认为主要责任人是“泰坦尼克”号的船长爱德华·史密斯，因为他在经过冰海时航行速度过快。不过，白星航运公司的总裁约瑟夫·布鲁斯·伊斯梅（他也在船上，并且与史密斯不同的是，他得以逃生）成为千夫所指的罪人。

在拍摄完这张照片之后，帕菲特只剩下六年半的生命。他于 1918 年秋季在法国前线阵亡。相比于战争导致的死亡人数，“泰坦尼克”号造成的损失显得微不足道。

无谓地牺牲了那么多高尚的女性和勇敢的男性，史上没有第二个例子……

——美国参议员威廉·奥尔登·史密斯，1912 年

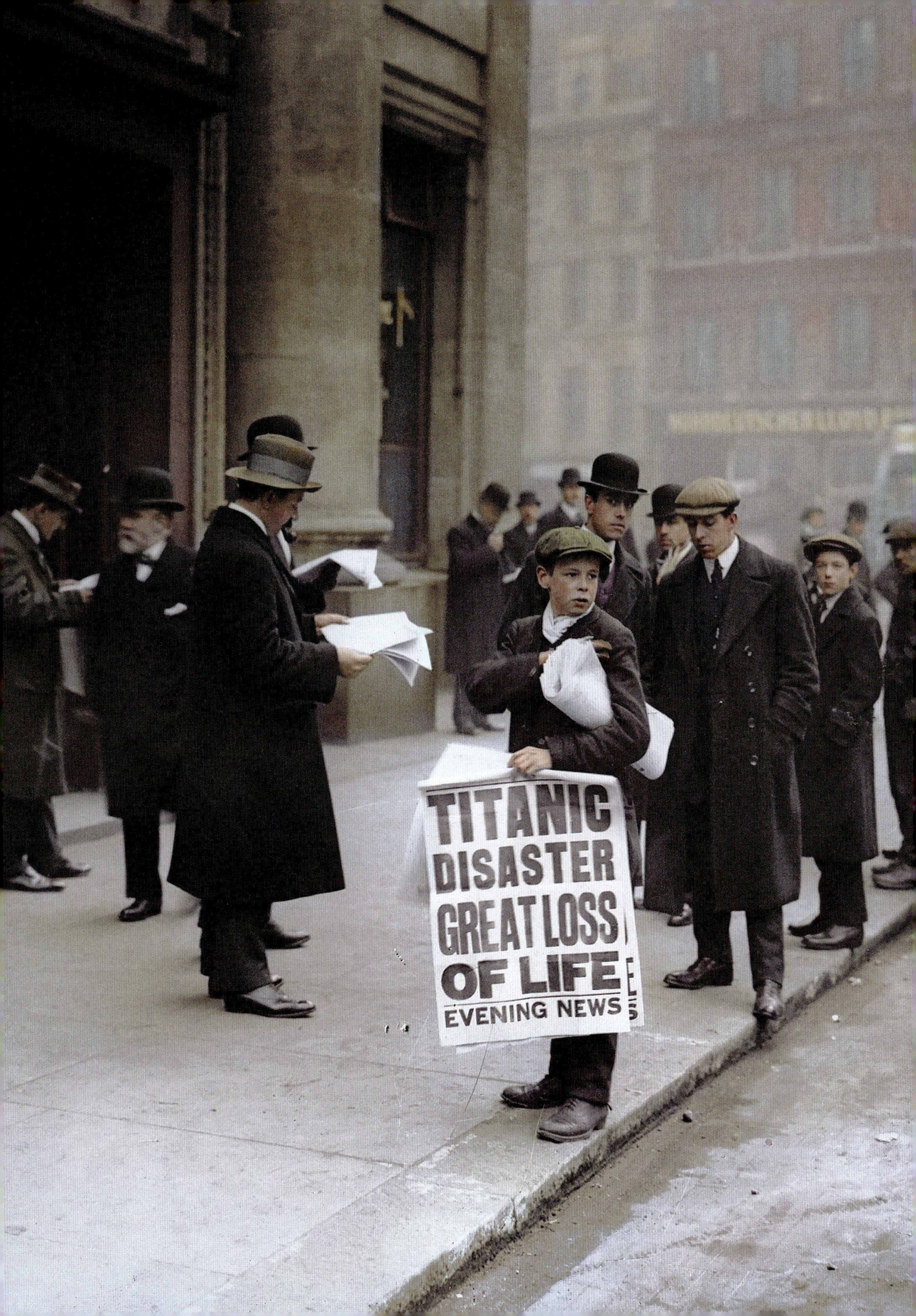
TITANIC
DISASTER
GREAT LOSS
OF LIFE
EVENING NEWS

《春之祭》

不是只有沉船事故才能震惊世界。1913年5月29日，在巴黎的香榭丽舍剧院，品位传统的观众受到现代主义芭蕾舞剧《春之祭》首演的刺激，几乎要掀起暴乱。《春之祭》的作曲家是伊戈尔·斯特拉文斯基，编舞者是伟大的舞蹈艺术家瓦斯拉夫·尼金斯基，表演者是谢尔盖·达基列夫的俄派芭蕾剧团。他们携手创作的这部作品受到俄国传统民间宗教仪式和民乐的影响，但如左边照片中的服装道具所示，这也是一部现代主义先锋派作品。这种风格的艺术、音乐和文学作品刻意制造出不和谐、难以理解和令人困惑的效果。

《春之祭》的首演一败涂地，不明就里的观众先是哈哈大笑，然后挖苦讥笑，最后向管弦乐队投掷东西。为了压制观众们的抗议，剧院打开了照明灯，表演最终完成。但是，报界对《春之祭》大加斥责。《费加罗报》评价道："俄国人不是完全了解他们访问的国家的风俗习惯，不知道法国人民会在表演者达到最高层次愚蠢的程度时发出抗议。"

《春之祭》继续上演了一周，后来在伦敦上演了一个短暂时期，此后被搁置多年，直到有了新的编舞才重回舞台。尼金斯基的编舞被人遗忘，直到20世纪80年代才被人重新发现。

排练了一百遍，辛辛苦苦一年，最后我们得到的就是这样的结果……我想给巴黎一个意外，巴黎却仓皇失措。

——伊戈尔·斯特拉文斯基，1913年

打碎玻璃窗是现代政治里最有价值的论据。

——艾米琳·潘克斯特,《女性投票权》, 1912 年 2 月 23 日

妇女参政论者

1912—1914 年，为女性争取选举权的呼声越来越高，声势越来越浩大。尤其是在英国和美国，取代和平游行示威和政治组织的是暴力抗议：纵火、炸弹威胁，以及从打碎玻璃窗到切断电报线，再到划破画廊展出画作的形形色色的破坏公物行为。

最惊人的一次抗议发生在 1913 年 6 月 4 日英国的埃普索姆赛马会。妇女社会政治联盟（WSPU，外号为“妇女参政论者”）的成员埃米莉·戴维森在当天的德比赛事期间冲到赛道上，打算趁乔治五世国王的赛马安默尔跑过时在它身上贴一面旗帜。但戴维森没能贴上旗帜，自己却遭到疾驰的骏马的踩踏，四天后因伤重去世。

右边这张照片显示的是戴维森的同志、妇女参政论者艾米琳·潘克斯特 1914 年 5 月在向白金汉宫游行的途中被捕。潘克斯特被警察总督察弗朗西斯·哈里·罗尔夫抓住，然后被押到霍洛威监狱，途中她一直高喊：“在宫门口被捕！告诉国王！”

潘克斯特和其他妇女参政论者已经很熟悉监狱了：很多人多次入狱，政府逮捕她们的依据是《猫捉老鼠法案》(1913 年)。该法案的目的是挫败在狱中绝食抗议的妇女参政论者：当她们因营养不良而过于虚弱的时候，政府就释放她们；等她们恢复了元气，再把她们抓回监狱。

然而，在此次被捕后不久，潘克斯特与妇女社会政治联盟一起同政府达成停战安排，停止了激进活动。此时英国面临战争，世界将会大不相同。

弗朗茨·斐迪南

弗朗茨·斐迪南大公是一位出身高贵、趣味传统的奥地利贵族。他出身于哈布斯堡家族，年轻时成为军官，1896年成为奥匈帝国的皇储。这个地位很重要，但他还有时间周游欧洲，享受他的两大爱好：收藏古董和狩猎。

弗朗茨·斐迪南唯一真正不寻常的事迹是娶了公主的侍从女官索菲·霍泰克，而不是公主本人。这对夫妇原本可能是历史书页上名气不大的人物，但他们于1914年6月28日（星期日）上午晚些时候在被奥地利占领的波斯尼亚和黑塞哥维那首府萨拉热窝街头遭枪击身亡，这让他们家喻户晓。刺客是南斯拉夫民族主义者和大学生加夫里洛·普林西普。他自己也没想到的是，他的枪声引发了世界上到当时为止最恐怖的战争。

弗朗茨·斐迪南死后以连锁反应发生的一连串事件，足以证明19世纪为了维持欧洲和平而建立的盟约体系已经彻底破产。为了报复，奥匈帝国入侵了塞尔维亚，于是塞尔维亚的斯拉夫盟友俄国动员了军队。奥匈帝国的盟友德国向俄国宣战，俄国的盟友法国也动员了军队。于是德国也向法国宣战，并入侵中立国比利时。为了保卫比利时的荣誉，英国加入战争。到1914年8月时，整个欧洲都拿起了武器。第一次世界大战就这样开始了。随后几年里，奥斯曼帝国、日本和美国相继参战。

全欧洲的灯纷纷熄灭，我们有生之年再看不到它们重新点亮了。

——英国外交大臣爱德华·格雷爵士，

1914年8月3日

只能匆忙将死尸掩埋在堑壕内侧。现在堑壕倒塌了，我们经常能看见白骨……

——列兵吉尔伯特·威廉姆斯的家信，1916 年

西线

第一次世界大战最早的战斗发生在非洲，欧洲列强的诸多殖民地的军队互相攻击。但最臭名昭著的冲突从 1914 年 9 月开始，英法联军沿着所谓的“西线”排兵布阵，抵挡德军。双方都挖掘了数百英里长的堑壕，构成一条蜿蜒曲折的庞大战线，从佛兰德北海沿岸的奥斯坦德附近一直延伸到巴塞尔附近的法国与瑞士边境。

西线堑壕内的生活是第一次世界大战中最典型的磨难。由带刺铁丝网、沙袋和机枪火力点构成的防御体系掩护着临时搭建的住所，那里往往潮湿、泥泞而寒冷。在如此恶劣的条件下，疫病很容易传播，“战壕足”（长时间潮湿和肮脏导致的脚部感染和溃疡）之类的病十分普遍。包括毒气、榴弹炮和空袭在内的新武器和新战术让堑壕生活更加严酷。双方都每隔一段时间发动进攻，士兵爬出堑壕，徒步走向敌人的机枪火力网。为了打破僵局而发动的大规模战役，比如凡尔登战役（1916 年）、索姆河战役（1916 年）和帕森达勒战役（1917 年）通常伤亡惨重，造成灾难性后果。

左边照片中是一名英军中士，拍摄时间是 1917 年年初，地点是佛兰德的普卢赫斯泰尔特森林里的一处堑壕。此时普卢赫斯泰尔特最激烈的战斗已经结束，这里被用作部队休整的地点。部队休整完毕后将再次投入作战。

英印军队

基钦纳勋爵在苏丹和布尔战争期间立下功勋之后，把 20 世纪的最初十年用于改革英印军队。他当时担任英印军队的总司令。在第一次世界大战爆发后，拥兵超过 100 万的庞大的英印军队做好了支援大英帝国的准备。

在靠近印度本土的地方，英印军队需要在阿富汗和缅甸的边疆地区巡逻警戒。但参加第一次世界大战的大部分印度士兵分散到了世界的各个角落：人数最多的一批被部署到美索不达米亚、巴勒斯坦和西奈半岛，负责保卫油田和航道，抵御奥斯曼帝国。

超过 10 万名印度士兵来到佛兰德和法国，参加西线作战。（右边照片中，1914 年 10 月梅森战役期间，第 129 "康诺特公爵的俾路支团"的四名步兵正在防守一处阵地。）还有一些印度部队在东非参战，或者参加了命途多舛的加里波利战役。

从 1911 年开始，印度士兵有资格获得维多利亚十字勋章，这是表彰英国军人英勇壮举的最高荣誉。在第一次世界大战期间，有十几名印度士兵获得这项荣誉。其中的第一位是列兵胡达达德・汗・敏哈斯，他在第一次伊普尔战役期间操作机枪向德军战线射击，直到身边所有的战友都阵亡，他自己也身负重伤。

这不是战争。这是世界末日。这就是《摩诃婆罗多》里描述的战争……

——一位无名的印度兵在医院病床上写的信，1915 年

死得光荣！飞翔和战斗，直到最后一滴血、最后一滴燃油、最后一次心跳和马达的最后一次运转：这是骑士的死……

——曼弗雷德·冯·里希特霍芬的祝酒词，1915 年 12 月

红男爵

第一次世界大战爆发之初，人们还没想到飞机可以承担作战任务，这不仅是因为飞行技术还很新鲜，也因为国际法禁止飞机配备武器。然而在宣战几周后，飞行员就开始影响战争的进程。侦察机可以提供关于部队移动的宝贵情报。

到 1915 年 7 月时，德国已经研发并装备了单座型福克 EI 双翼战斗机，它配有机枪，可以透过旋转的螺旋桨发射。两个月后，英国投入了与之竞争的机型。1916 年 1 月，法国也有了自己的战斗机。

最著名的飞行员是曼弗雷德·冯·里希特霍芬，他是出身普鲁士贵族的骑兵侦察军官，1915 年转入德国空勤部队。他拥有 80 个可证实的战绩，是第一次世界大战期间最成功的王牌飞行员。他驾驶一架鲜红色的福克 Dr.I 三翼机，射击技术高超，再加上他的贵族血统，获得了“红男爵”的绰号。里希特霍芬还获得了“蓝马克斯勋章”，这是当时德国最高级的军事荣誉。

红男爵左页这张非常有特色的柔焦肖像照片（用于明信片）的拍摄者是德国摄影师尼古拉·佩尔沙德。在这张照片拍摄后不久，里希特霍芬就在索姆河上空与两名加拿大飞行员（为英国新成立的皇家空军效力）的空战期间胸部中弹。他喃喃地说了一句话，可能说了“完了”（kaputt）这个词，随后降落，在地面死亡。

东方的战场

西线有漫长的堑壕，东线的战线也从波罗的海向黑海延伸数百英里。中欧同盟国（德国、保加利亚、奥匈帝国和奥斯曼帝国）的军队在东线与俄罗斯帝国、罗马尼亚和协约国的其他成员对抗。

在更远的东方，日本也参加了战争。它于 1914 年 9 月加入英国一方，出兵攻打德国占据的中国港口青岛。有人认为这张照片表现的是东欧的场景，但它更可能是在青岛附近拍摄的。图中，德国步兵正在挖掘一门大炮，准备用于沿海要塞周边的激战。

后面跨页照片中炮弹箱上的文字显示，德军正在抢救的这门大炮是 28 厘米口径的 L/10 榴弹炮。19 世纪 90 年代德国的克虏伯军工厂研发了这种火炮，1905 年日俄战争期间使用过。它对舰船和港口要塞的射击都很有效。该火炮需要起重机填弹，能够发射重量超过 200 千克的炮弹，射程约 8 公里。这还远远算不上第一次世界大战期间使用过的最强大的火炮。德军庞大的“巴黎大炮”射程达 190 公里，而他们的“大贝尔塔”榴弹炮能够发射重量超过 800 千克的炮弹。

大雨如瓢泼。炮弹已经开始在周围爆炸。难民从四面八方步行和乘车而来……尖叫、噪声和哭喊，乱七八糟……

——俄国士兵瓦西里·米西宁描述遭到炮击时的感受，1915 年

二十八珊
榴彈砲
砲臺要具箱

士兵们，我不是在命令你们进攻——我在命令你们为国捐躯。

——穆斯塔法·凯末尔·阿塔图尔克上校

在加里波利，1915 年

加里波利

因为西线陷入僵局，并且俄国人担心奥斯曼帝国会通过高加索山脉发动进攻，于是协约国在1915年设计了一个方案，希望入侵土耳其本土并夺取达达尼尔海峡。这条细小的水道经过加里波利半岛以南，舰船可通过它从地中海进入黑海，并且它控制着通往奥斯曼首都伊斯坦布尔的道路。所以达达尼尔海峡具有关键的战略意义，夺取它对协约国来说将是一次重要的胜利。

1915 年 2 月，根据英国海军大臣温斯顿·丘吉尔的命令，大批英国和法国舰船逼近达达尼尔海峡。这支舰队遭到炮击，被奥斯曼军队打退，并且受到水雷的折磨。但在 4 月 25 日，协约国军队开始登陆，最终投入将近 50 万人的军队。其中很多人，包括右图中的这些官兵，属于澳大利亚和新西兰军团，即澳新军团。

不过和之前的海军攻势一样，对加里波利的陆路入侵也失败了，并且代价高昂，协约国军队的伤亡率超过 50%，最后不得不撤离。奥斯曼军队伤亡 25 万人。当时的英国政府险些因为此次灾难而垮台。（丘吉尔被从海军部贬黜，后辞职。）对奥斯曼人来说，这是一次辉煌的胜利。加里波利胜利的威望赋予羽翼初生的土耳其民族主义运动强大能量，最终穆斯塔法·凯末尔·阿塔图尔克领导民族主义运动夺取政权，他于 1923 年成为土耳其共和国的首任领导人。

海战

左页照片中正在经历风暴的“大胆”号是一艘“幽灵船”。它是英国皇家海军1910年订购的四艘“乔治五世国王”级无畏舰之一，防护力极强，并且能够运载足以航行数千英里的燃料。

“大胆”号于1913年10月入役，于次年第一次世界大战爆发之际接受改装，准备迎战德意志帝国海军。遗憾的是，它的运气很差，1914年10月因在爱尔兰海岸触发德国水雷而沉没。为了避免打击士气，英国海军部和新闻界隐瞒了它沉没的消息，一直保密到战争结束。

“大胆”号在海底度过了战争时期，而其他很多舰船参加了实战。最激烈的一场海战是日德兰海战，时间是1916年5月31日至6月1日，持续超过36个小时，地点是丹麦的北海海岸附近。

日德兰海战是历史上规模最大的战列舰对决，共有250艘舰船参战，其中25艘沉没。然而，很难说哪一方取得了胜利。海军中将赖因哈德·舍尔领导下的德国公海舰队取得的战绩比海军上将约翰·杰利科爵士指挥下的英国大舰队更好。不过，英国皇家海军的规模比德国海军大，所以即便在此次战役中英军损失更多，总的来讲英军仍然占上风。英国皇家海军通过此役证明了自己有能力维持对德国的海上封锁，并熬过了最激烈的攻击。

电闪雷鸣，天摇地动，我被爆炸的冲击波掀出去好远……我的眼睛里尽是水和尘埃……我意识到，战况激烈，我们遭到了猛烈攻击……

——皇家海军上尉汉弗莱·T. 沃尔温描述1916年5月31日在日德兰海战中“厌战”号战列舰上的战斗体验

战争中的女性

第一次世界大战中庞大的战列舰是战时经济的产品。战争让数百万处于工作年龄的男子离开工厂奔向火线，于是女性接管了许多在过去由男性承担的工作：制造武器弹药、舰船、飞机和火车；农耕；投送邮件；担任特别警官；操作电话交换机；教书育人；担任办公室文员。

右边这张照片拍摄于1916年前后，其中的女性在英格兰泰恩赛德的艾尔斯威克弹药厂工作。这里是全球知名军火制造商之一阿姆斯特朗－惠特沃斯公司的总部。军工生产是很关键，也很危险的工作：操作炸药会对工人的健康造成严重后果。除了发生爆炸事故的风险之外，TNT之类的化学物质还会给工人的皮肤留下黄色印迹；如果长时间接触TNT等物质，甚至还会损伤肝脏。但因为女性对战争所做的贡献，战后的女性选举权运动声势大涨。

有些国家允许少量女性加入武装部队的若干部门。美国允许女性加入海军、海军陆战队和陆军医疗队。英国的陆军妇女辅助团为女性提供厨师、文员和医务人员等职位。德国女性可以成为军医院的护士。俄国在战争末期沙皇退位之后组建了好几个女子营，其中最有名的是第1俄国女子敢死营，指挥官是出身农民的女军人玛丽亚·博奇卡廖娃。

如果工厂的女工停止工作二十分钟，协约国就会输掉战争。

——约瑟夫·霞飞元帅，法国将领

“疯僧”拉斯普京

1915年时，俄国皇后亚历山德拉是卷入战争的最有权势的女性之一。她的丈夫、沙皇尼古拉二世接管了摇摇欲坠的东线俄军的指挥权，而她则留在圣彼得堡监管政府。这导致俄国历史上最怪异的人物之一登上了舞台：皇后的私人精神导师格里高利·拉斯普京（“疯僧”）。

拉斯普京是出身西伯利亚的神秘主义者和游方圣人，沙皇夫妇相信他有能力治愈十一岁的皇储阿列克谢的血友病。拉斯普京除了拥有所谓的神奇的治疗能力，还是一位特别循循善诱、特别有魅力的人。皇后和宫廷中的其他许多女性一样，沉迷于他磁石般的魅力和狂野的外表。

拉斯普京生性放荡，贪杯好色。他那种臭名昭著的生活方式引起了俄国许多男性保守人物的担忧。当拉斯普京开始对俄国政治产生影响力的时候，他的末日就到了。1916年12月30日，一群贵族（可能得到了英国特工的帮助）在圣彼得堡的莫伊卡宫（富裕的贵族费利克斯·尤苏波夫公爵的家）将其谋杀。

尤苏波夫后来承认，杀死拉斯普京是很难的事情。他吃了有毒的蛋糕，喝了毒酒，胸部中弹，仍然没死，最后在雪地被枪杀，尸体被丢进冰冻的河里。他对皇室的影响消失了，但俄国和罗曼诺夫皇朝还将面临严重得多的问题。

十个拉斯普京也好过[皇后]每天歇斯底里发作一次。

——沙皇尼古拉二世，1912年

我们在缓慢但稳步地消灭不列颠群岛最精英的男性……

——英国前外交大臣兰斯多恩勋爵，1916年11月

索姆河

1916年是战争史上死亡人数最多的年份之一。在东线，布鲁西洛夫攻势（或称“六月雪崩”）为俄罗斯帝国赢得重大胜利。与此同时，在西线，协约国军队和德军之间发生了两次规模庞大的战役，延续了差不多一年，各方加起来的总伤亡达到200万人。这就是凡尔登战役和索姆河战役。

“索姆河。整个世界史上不可能有比这更恐怖的词。”德国军官弗里德里希·施泰因布雷歇尔如此写道。五个月里，数百万人在24公里长的战线上厮杀，后面跨页照片中就是索姆河战场的一个微小部分。战役首日，即1916年7月1日，英军就损失了将近6万人。很多士兵被命令爬出堑壕，迎头走向敌人自动武器喷射出的火力网。这是草菅人命。

索姆河战役随后持续了140天。索姆河流域的树木被炮弹撕成碎片；飞机扫射和轰炸敌军阵地；坦克首次投入实战。协约国的攻势于11月停止，到那时英国及其盟军仅仅前进了11公里。双方都不能说自己是胜利者，不过英军总司令道格拉斯·黑格爵士这样为严重的伤亡（仅协约国方面就死伤约60万人）辩解：协约国在索姆河的战斗帮助法国在同样血腥的凡尔登战役中坚持了下来。索姆河的残杀没有取得什么成果，血腥的战争还将继续下去。

康布雷

协约国军队在索姆河战役中首次部署坦克，但第一次大规模使用坦克是在1917年11月20日：在法国北部的康布雷附近，英军用坦克向德军战线发动奇袭。在炮火的掩护下，英军的数百辆马克Ⅳ型坦克（装备了机枪和6磅海军炮）向德军阵地发动了长达10天的进攻，碾平带刺铁丝网，掩护跟随坦克前进的步兵。英军前进了几公里，但德军在月底发动反击，将其逐退。

康布雷战役是战争史上一次胜负未决的战役，但它对战争史的贡献极大。庞大、沉重的履带式车辆将会彻底改变战场策略。右边这张拍摄于1917年的照片据说表现的是康布雷战役期间一辆正在行动的坦克。看来大众对它也兴趣盎然。

然而在整个战争的背景下，决定西线战局的不是机器，而是盟友。在英国坦克隆隆碾压康布雷的德军阵地的同时，一个新的参战国正在进行战争动员。1917年4月6日，美国参众两院以绝对多数票决定参战反对德国。美国原本坚守中立，但德国潜艇不断袭扰大西洋航运，并且1917年1月的齐默尔曼电报揭示德国正在煽动墨西哥入侵美国，于是美国的忍耐到了极限。战争的最后阶段开始了。

大群坦克蜂拥前进，间隔很小，让人想起汉尼拔的战象或埃及法老的镰刀战车。

——德国将军阿尔曼德·莱昂·冯·阿登男爵，

《柏林日报》，1917年11月

130

地狱战士

尽管美国为协约国提供了金钱、物资和弹药，很少有美国人愿意参加第一次世界大战，美国第二十八任总统伍德罗·威尔逊尤其不愿意。他原本是美国孤立主义的主要鼓吹者之一。但到 1917 年春季时，美国舆论开始转变。4 月，美国对德国宣战，12 月对奥匈帝国宣战。不过，美国始终没有正式加入协约国，也没有向奥斯曼帝国或同盟国阵营中的其他中欧国家宣战。

决定参战之后，美国迅速扩张自己的军力，征募了 400 万人。美军从 1918 年春季开始如潮水般涌入法国。左边照片中的士兵属于全部由黑人组成的第 369 步兵团，即所谓“哈莱姆地狱战士”。他们的英勇精神和高水准的军乐队特别有名。“地狱战士”在西线与法军并肩作战，表现出色。他们最卓越的成员是列兵亨利·约翰逊和列兵尼达姆·罗伯茨，他俩在阿戈讷森林与一支德军巡逻队交战时表现极其英勇，后来双双获得法国英勇十字勋章。图中是 1919 年“地狱战士”正在返回纽约的途中。

1918 年抵达法国的美军的强大兵力让协约国终于达成了它们苦苦追寻四年的目标：用它们承受损失的能力压垮同盟国。在这方面，美国庞大的人力资源对 1918 年 7 月至 11 月的“百日攻势”的成功至关重要。此次攻势最终迫使德军及其盟友撤离法国并接受停战。

罗曼诺夫皇室的灭亡

1917年，俄国退出了战争，这让美国的参战显得尤为重要。俄国爆发了两次革命，君主制被废除，沙皇全家被杀，布尔什维克党执掌权力。

尽管1916年夏的布鲁西洛夫攻势取得了成功，但在1917年2月时，战争导致的起义和粮食短缺还是迫使沙皇尼古拉二世退位，由一个自由主义的临时政府取而代之。

此事让沙皇、皇后和他们的五个孩子陷入窘境。英国和法国没有授予他们避难权，于是临时政府将他们送到西伯利亚南部的托博尔斯克，等以后再为他们寻找新的流亡地。但之后十月革命爆发，临时政府倒台，弗拉基米尔·伊里奇·列宁领导的布尔什维克党夺取政权。列宁签署了《布列斯特－立托夫斯克条约》（1918年3月），退出战争，但俄国随后迅速陷入内战。布尔什维克党面对形形色色的敌人，包括支持君主制的人。

新政权将罗曼诺夫一家迁往叶卡捷琳堡。1918年7月16日至17日夜间，在叶卡捷琳堡伊帕季耶夫宅邸的地下室里，沙皇全家被杀。他们和四名仆人的尸体随后遭到毁坏和焚烧，残骸被藏在一处矿井内，在那里躺了六十多年。

我们不知道这是谁的手指。我想是皇后的……手指和假牙一起，就这样待在灰烬里。

——英国军事情报机构得到的目击者报告，1920年

The Washington Times EXTRA
GERMANY SURRENDERS
LONDON—Germany has agreed to the armistice terms laid down by the allies. It is understood the terms are virtually the same as those which were signed by Austria, providing for occupation of a large number of towns by the allies, demobilization of the enemy armies and turning
The Washington Times
WAR IS OVER
Enemy Stripped of Power By Terms of Agreem
FIGHTING At 2 P. M. Paris Time At 9 A. M. Our Time STOPPE
The war is over.
Germany and the allies signed an armistice at 11 o'clock
hostilities ceasing three hours later.
As Marshal Foch's terms are known to include provisions whi
prevent resumption of hostilities the greatest war of all ti
to an end. Germany by the terms of the armistice
power to reopen the war.
At the time the document was signed the
smashing forward on a 150 mile front, from the
tearing the German defenses to pieces and driv
rout. The Americans took Sedan this mor
made at all points on the battle front.
Before the terms were submitted to Germany,
Marshal Foch and Admiral Wemyss, as military and
under a flag of truce.
FIRST WITH THE NEWS!

停战

1918 年 10 月底，同盟国已经无力维持现有的军事局势，于是纷纷开始寻求停战，从而开展和谈。第一个求和的同盟国是保加利亚，时间是 9 月 29 日。左图中这些华盛顿特区的报纸报道了德国的投降。德国代表在法国北部贡比涅附近一处林中空地的一节火车车厢内签署了停战协定，该协定于 11 月 11 日上午 11 时（巴黎时间）正式生效。

德皇威廉二世已于两天前的 11 月 9 日退位。停战协定的条件包括德军撤离所有占领区，交出德军的武器、飞机、舰船和车辆，并交出战俘。这些明显带有倾向性的条件构成了 1919 年《凡尔赛和约》的基础，协约国通过和约向德国报复，占领了德国的一些工业区，严格限制德国军队的规模，并要求德国缴纳数额惊人的战争赔款（高达 1320 亿马克），从而承认德国的“战争罪责”。

事后回过头来看，协约国与德国和其他同盟国签订的和约（每个同盟国在战后分别与协约国签约）条件过于严苛、混乱和适得其反。法国想要永久性扼杀德国及其盟友的力量，而美国总统伍德罗·威尔逊是理想主义者，希望创建以公平、友谊和民族自决为基础的世界和平。和约试图把法国与美国的意愿协调起来。维护世界新秩序的任务被交给了 1920 年 1 月成立的国际联盟。没过多久，事实就证明这样的任务是不可能成功的。

这不是和约。这是期限为二十年的停战协定。

——协约国最高统帅斐迪南·福煦元帅，1919 年成百上千年轻力壮的男子被送进医院病房……面色发青……造成剧痛的咳嗽让他们吐出带血的痰液……

——美国马萨诸塞州德文斯兵营关于流感病人的报告，1918 年

西班牙大流感

第一次世界大战期间有约 1700 万人死亡，但战争结束时暴发了人类历史上最致命的流行疫病，它造成的死亡人数是战争死亡人数的两倍以上。“西班牙大流感”是一种流感，能造成极端的肌肉疼痛、头痛、高烧，以及令人痛苦不堪的，甚至能导致肺出血的咳嗽。

“西班牙大流感”最初在美国堪萨斯州出现，从 1918 年年初开始蔓延至全球。西班牙新闻界报道了国王阿方索十三世染上流感的情况，于是它获得了“西班牙大流感”的绰号。西班牙国王得以幸存，但千百万人被流感夺去了生命。

人们心急如焚地采取紧急措施，隔离病人并控制公共卫生。来自国际红十字会（包括右页照片中的护士）的志愿者协助劳累过度的医院工作人员。但即便在美国（它躲过了第一次世界大战的最沉重打击）这样的国家，也很难遏制流感的传播。在战争中损失惨重的欧洲国家更是难以应付流感。伍德罗・威尔逊总统在 1919 年巴黎和会期间也病倒了。

从死亡的绝对数字来看，“西班牙大流感”比查士丁尼大瘟疫、黑死病或艾滋病更致命。历史学家至今仍在探讨死于“西班牙大流感”的人数。到它最终得到控制的时候，已经有 5000 万到 1 亿人死亡，也就是当时全球总人口的 3%—6%。这的确是悲惨的十年。

1920 年代

咆哮年代

你们还什么都没听见呢……

——有声电影里最早的一句话，出自电影《爵士歌手》（1927 年）

芝加哥的咖啡馆和纽约的舞厅传出了一种新的声音，那是一个名叫路易斯·阿姆斯特朗的新奥尔良少年的小号音乐。绰号“书包嘴”的阿姆斯特朗在白天与“热门五人”“热门七人”“小交响乐”等乐队一起录制唱片，夜间则在观众围得水泄不通的剧院和舞厅里演奏。

爵士乐是20世纪20年代的标志性音乐。这种大胆的音乐形式来自湿热的美国南方，植根于美国内战之后几十年里非裔美国人的体验。对有些人来说，爵士乐是无忧无虑的新世界发出的声音；在有些人看来，爵士乐却是一种颓废的不和谐音，代表的是一个道德沦丧的世界。

对路易斯·阿姆斯特朗来说，爵士乐很简单。他演奏的时候，人们情不自禁要聆听。很多关于爵士乐和更广泛的音乐的传奇名言，据说都是阿姆斯特朗在他四十年的音乐生涯中吐露的。他最精彩的名言之一是：“热辣的东西也可以很酷，酷的东西也可以热辣，两者都可以既热辣又酷。但不管是热辣还是酷，爵士乐总是爵士乐。”

20世纪20年代，阿姆斯特朗的爵士乐生涯才刚刚起步。他注定要成为伟人。他的演艺和创作生涯长达五十年。他的嗓音至今独一无二，那是一种丰富的、辉煌的沙哑嗓音，扣人心弦，不管他在演唱传统的歌词还是“拟声吟唱”，即一种即兴的、没有明确意义的、纯粹由旋律和拟声组成的音乐形式。当然，他还是才华横溢的演奏者，拥有超大的肺活量以及吹奏铜管乐器的神圣才华，这两方面结合起来，让他成为那个时代辨识度最高、最经常被人模仿的音乐家。路易斯·阿姆斯特朗在20世纪20年代虽然还在学艺，但已经成为音乐大咖。他的生活洋溢着那个时代的精神。

在西方世界，20世纪20年代是革命性、标志性的时代。它被称为“咆哮的二十年代”“黄金的二十年代”“疯狂年代”。经济和社会开始从第一次世界大战造成的创伤当中恢复

1920年

1月 国际联盟召开第一届会议。它的宗旨是促进和维护世界和平。

2月 奥地利籍退伍军人阿道夫·希特勒接管德国工人党，将其更名为民族社会主义德国工人党，即纳粹党。

11月 都柏林的“血腥星期日”：英国军队屠杀平民，以回应爱尔兰共和军的暗杀行动。

1921年

3月 俄国的伏尔加河地区发生饥荒，导致至少500万人死亡。

3月 喀琅施塔得海军基地发生叛乱，反对俄国的布尔什维克政府。红军平定了叛乱。

4月 协约国要求德国缴付1320亿金马克的战争赔款。

1922年

1月 意大利开始再度征服的黎波里塔尼亚和昔兰尼加。

8月 爱尔兰内战期间，革命者和国民军总司令迈克尔·柯林斯被枪杀。

10月 红军占领海参崴，俄国内战结束，布尔什维克革命者获胜。

10月 贝尼托·墨索里尼领导意大利法西斯党人“进军罗马”，随后被任命为首相。

1923年

10月 沃尔特·迪士尼公司在洛杉矶成立。

11月 德国无力支付战争赔款，导致严重的通货膨胀，使得德国货币完全丧失价值。

11月 阿道夫·希特勒和纳粹党其他领导人发动慕尼黑“啤酒馆政变”。

1924年

1月 弗拉基米尔·伊里奇·列宁去世。约瑟夫·斯大林开始崛起，最终完全掌控苏联的权力。

6月 英国登山家乔治·马洛里尝试攀登珠穆朗玛峰，失败身死。

10月《每日邮报》发表“季诺维也夫信件”。这封信是伪造的，暗示英国工党与共产党合谋。

元气。汽车、飞机旅行、无线电和电影等新技术改变了人们旅行、交流和生活的方式。

人们勇敢地尝试攀登世界最高的山峰，或者飞越大洋。女性获得选举权。作家和艺术家试验了新风格，不仅哀叹之前十年里战争造成的破坏，还在构想崭新的未来。

不过与此同时，在美丽新世界的乐观主义之下，新的恐怖正在酝酿。俄国革命之后是内战和饥荒。贝尼托·墨索里尼的黑衫党进军罗马，以法西斯主义暴力纲领的名义发动政变。德国在第一次世界大战中的失败和《凡尔赛和约》的严苛条件导致德国经济崩溃，给阿道夫·希特勒的纳粹党等极端主义政党的崛起制造了条件。奥斯曼帝国瓦解之后，英法对中东的瓜分引起了阿拉伯人的怨恨和反抗。英国未能妥善解决爱尔兰问题，导致了一场内战，制造了更多问题。

墨西哥的长期问题没有出现得到解决的迹象，信奉天主教的农民与坚决反对教会干政的政府之间爆发了战争。就连20世纪20年代乐观主义的诞生地美国也出现了反动的怨恨情绪：三K党死灰复燃，政府的禁酒试验导致灾难性后果，引发帮派火并。当这个十年快结束的时候，华尔街股市崩盘，黄金的二十年代让位于大萧条的灰暗。

1925年

4月 F. 斯科特·菲茨杰拉德出版《了不起的盖茨比》。

7月 叙利亚大起义开始，目标是结束法国对叙利亚和黎巴嫩的统治。

7月 阿道夫·希特勒出版《我的奋斗》第一卷。

1926年

5月 英国发生持续九天的总罢工，工人举行大规模游行，对自己的薪资和工作条件提出抗议。

8月 瓜达拉哈拉的天主教徒和反教权示威者之间爆发冲突，标志着墨西哥的“基督战争”开始。

1927年

5月 查尔斯·林白从纽约飞往巴黎，完成首次跨越大西洋的单人飞行。

10月 第一部有声电影长片《爵士歌手》在美国上映，标志着默片时代的结束。

1928年

2月 第一届单独的冬季奥运会在瑞士的圣莫里茨举行。

7月 约翰·罗杰·贝尔德完成第一次彩色电视节目播放。

9月 艾哈迈德·索古宣布阿尔巴尼亚成为君主国，自立为索古一世国王。

10月 海尔·塞拉西被加冕为埃塞俄比亚国王。

1929年

2月 芝加哥发生情人节大屠杀，这是私酒贩子之间的一次厮杀，人们普遍相信幕后指使是臭名昭著的黑社会老大阿尔·卡彭。

2月 列夫·托洛茨基从苏联流亡。

10月 华尔街股灾令纽约证券交易所股票的市值蒸发25%，导致大萧条。

列宁和斯大林

1917 年布尔什维克革命的领导人是弗拉基米尔·列宁（左），他夺取政权，成为俄国领导人，1922 年起成为苏联领导人。新的国家是由俄共（布）领导的一党制国家，指导纲领是列宁根据他对卡尔·马克思著作的理解而形成的共产主义理论。

不过在 1921 年年末，五十一岁的列宁的健康状况急剧恶化。1922 年春季，他第一次中风，后来又两次中风，失去了说话和走路的能力。他于 1924 年去世，遗体被加以防腐处理，在莫斯科供人瞻仰，今天在红场的列宁墓还能看到。列宁在去世前似乎希望列夫·托洛茨基继承他的位置，并明确建议免去格鲁吉亚人约瑟夫·斯大林的中央领导职务。但最终斯大林（左页照片中和列宁在一起，拍摄时间是 1922 年，地点是列宁位于高尔基市的别墅）取得了政权，将缺乏自信的托洛茨基先是从权力核心排挤出去，后来将他赶出了苏联。

斯大林在 20 世纪二三十年代通过一系列手段巩固了自己的权力。他清洗了党内的对手，执行的一些经济政策比较极端，给国家和社会造成消极影响。到三十年代中期，斯大林已经从党的职业官僚变成了地位稳固、令人生畏的国家首脑。

斯大林同志……已把巨大权力集中到他的手上；我不敢说他始终知道如何十分谨慎地使用这一权力。

——列宁，1922 年

红军

1917 年的十月革命爆发后，俄国随即发生内战，一直打到 1922 年。列夫·托洛茨基参与组建的红军最终打败了由形形色色的敌人（包括君主主义者、外国远征军和五花八门的反共分子）组成的白军。

红军是 1918 年由工人赤卫队和沙皇军队的旧部组成的。驱动它作战的力量部分是意识形态，部分是严格的纪律。抵制参军、战斗不够积极和开小差的人都会受到严厉处分。

后面这张照片是内战末期在莫斯科拍摄的，表现的是身穿红军制服的小男孩。我们不知道这些孩子是什么人，但颇受欢迎的苏联儿童文学作家阿尔卡季·盖达尔的经历很典型。他十多岁的时候就成为热情洋溢的布尔什维克，十四岁入党和参军，曾在乌克兰、波兰和蒙古地区作战，1924 年退役，成为记者和小说家。此时内战已经结束，他才二十岁。

红军的组建对布尔什维克革命的生存和俄国历史的发展具有关键意义，红军对第二次世界大战的结局也有决定性的影响，但红军的创始人托洛茨基没能活着看到那一切。他流亡之后于 1940 年在墨西哥城被暗杀。

РЕМОНТ
ФОТО-
„ПОБЕДА"
ФОТО-
„ПОБЕДА"
ПОБЕДА

ВСЕУКРАИНСКОЕ ТОРГОВО-ПРОМЫШЛЕННОЕ
ХИМИКО-ФАРМАЦЕВТИЧЕСКИЙ ОТДЕЛ
6.

喀琅施塔得事件

在俄国内战的很多次绝望激战当中，造成破坏最严重的战役之一是喀琅施塔得成千上万的士兵、水手和心怀不满的工人发动的暴动。喀琅施塔得是一座要塞城镇和海军基地，位于一座岛上，能控制冰封的波罗的海上通往彼得格勒（就是之前的圣彼得堡）的海路。

1921 年春季，多年的战争再加上按照布尔什维克原则全面重组俄国经济的企图，导致口粮匮乏、工业崩溃，也让农民和城市工人当中越来越多地出现反叛情绪。

3 月初，彼得格勒的罢工工人与喀琅施塔得要塞的部队以及两艘大型战列舰“塞瓦斯托波尔”号和“彼得罗巴甫洛夫斯克”号（见右图）的水兵结盟。他们要求在俄国全境开展改革，包括提高口粮配额和结束政治迫害。

结果是成千上万的红军官兵围攻了喀琅施塔得。数百名参与暴动者被杀，数千人被抓或逃往芬兰。

喀琅施塔得暴动的水手参加过 1905 年反对沙皇的革命，当时战列舰“波将金”号的船员起来反抗他们的军官。所以尽管 1921 年的暴动被镇压下去，它还是让执政党重新审视僵硬的经济政策，停止执行战时共产主义政策。

我看见堆积如山的尸体，半裸着，被冻得奇形怪状，看得出来还被野狗咬过……这景象让我永生难忘。

——威廉·沙弗罗思，“美国救援计划”工作人员，1921 年

大饥荒

战争、匮乏和干旱：1921—1922 年，这三种灾祸给俄国中部带来了史上最恐怖的饥荒之一。里海以北大致相当于英国领土面积的地区有大量人口死于饥荒。

1921 年的夏季特别干燥，几乎滴雨未下，导致庄稼枯萎。收割季节到来时，很多地区几乎颗粒无收。在技术落后、需要小农耕作的地区，如此严酷的气候在任何时候都会酿成灾祸；而且在 20 世纪 20 年代初，天灾又逢人祸，内战期间政府向农村提出了极其严苛的征粮要求。为了给军队提供口粮，政府屡次从农民手中征粮，使他们失去了最后一线生机。没过几个月，俄国就陷入一场灾难。

右边这张照片很有代表性，表现的是一个饥肠辘辘的家庭。因为口粮严重匮乏，垂死的人找到什么就吃什么，包括草根、树皮、橡子和动物骨粉，甚至人的死尸。难民在农村里游荡，疫病横行。

苏俄政府正式拒绝外界的援助，但外界还是提供了援助：国际红十字会、国际拯救儿童组织和“美国救援计划”向俄国农村输送了大批物资。1923 年，饥荒结束，到此时已有数百万人死亡。

《红旗》

在布尔什维克党于俄国取胜之后，欧洲和美国的共产党也受到激励，去开展他们自己的革命事业。英国共产党于1920年诞生，吸收了其他几个左翼工人政党的成员，但非常关键的是，没有吸收工党，因为工党自世纪之交以来已经在英国议会选举中取得了进展。

1924年，英国共产党被指控煽动在英国开展违法的革命活动。这其实是诬陷。指控的基础是一封伪造的书信，被刊登在《每日邮报》上，说是布尔什维克党领导人和共产国际执行委员会主席格里戈里·季诺维也夫写的。

所谓的“季诺维也夫书信”敦促英国共产党人为革命做准备。这封信在10月29日英国大选的仅仅四天前浮出水面。《每日邮报》利用这封信来指控在议会中占少数的工党政府与革命党共谋。这导致英国的中产阶级和工人阶级之间的敌意猛增，在1926年达到一个高峰，当时全国工人发动总罢工，但未能改善工作条件。

左边这张照片中的伦敦游行示威者正在高唱社会主义颂歌《红旗》。英国共产党的人数很少，可能只有一两千人，并且它在选举中的成绩很差，但它的形象不错，而且影响力也相当可观。不过到20世纪30年代末，英国共产党的影响力大为衰弱。虽然在40年代末和50年代初英国共产党元气有所恢复，但共产主义始终没有在英国站稳脚跟。

莫斯科向英国共产党人发号施令……为严酷的阶级斗争的总爆发做好准备。

——《每日邮报》，季诺维也夫书信，1924年10月25日

分裂的爱尔兰

在工业界劳资关系困扰英国本土的同时，爱尔兰正在酝酿一场大规模革命。1916 年，爱尔兰共和主义者反抗英国统治，宣布建立爱尔兰共和国。第一次世界大战之后，爱尔兰共和军打了一场激烈的游击战，他们的对手是英国正规军、皇家爱尔兰警队，以及被招募来协助英国军队的各种桀骜不驯、心狠手辣的辅助部队。这场战争打了两年，于 1921 年结束；爱尔兰共和主义者与英国的谈判结果是，双方签订《英爱条约》，爱尔兰被分割为北爱尔兰和新建的爱尔兰自由邦。

右边的照片中，促成爱尔兰分治条约的关键人物之一迈克尔·柯林斯在都柏林波多贝罗兵营昂首阔步，时间是 1922 年 8 月 7 日。他刚刚参加了缅怀在一次伏击中丧生的自由邦士兵的弥撒。他是坚定的共和主义者，也是冷酷无情、精明强干的军人。对柯林斯来说，《英爱条约》是为爱尔兰争取完全独立的道路上的一块垫脚石。但是，他的很多共和主义同志执反对意见。

支持和反对《英爱条约》的爱尔兰人之间的敌意于 1922 年 6 月爆发。此前被任命为临时政府领导人的柯林斯现在不得不接管爱尔兰自由邦军队的指挥权，去打一场内战。许多曾经的盟友现在成了他的敌人，而他自己的民族主义武装得到了第一次世界大战英国军队当中爱尔兰老兵的支持。他接管军队后发布的最初命令之一就是炮击都柏林的法庭，因为那里被反对《英爱条约》的势力占领了。柯林斯于 1922 年 8 月 22 日，也就是这张照片拍摄完仅仅 15 天后，在科克郡被反对条约的势力刺杀。

我告诉你，今天早上我签署了自己的死亡判决书。

——迈克尔·柯林斯，1921 年 12 月

超级通货膨胀

在第一次世界大战中战败并且蒙受《凡尔赛和约》的屈辱之后，德国在 20 世纪 20 年代再次遭受震荡，不是内战的震荡，而是经济危机。《凡尔赛和约》强加于德国的巨额战争赔款账单远远超出了德国的偿付能力。为了偿付战争债务，魏玛共和国政府开始大量印刷马克纸币。左边这张照片是 1922 年秋季之后法国摄影师阿尔贝·阿兰格拍摄的，表现的是一个地下室里堆满了 1000 马克面值的纸币。

在战争结束后不久，1 美元可以兑换约 50 马克。此后德国货币开始稳步贬值。到 1921 年年末，1 美元可以兑换 300 马克。到 1922 年圣诞节，1 美元可以兑换 7000 马克。超级通货膨胀开始失控：一年后，1 美元可以兑换超过 40 亿马克。法国和比利时不再接受现金形式的战争赔款，而是派遣军队从德国鲁尔工业区掠夺原材料。

1924 年出台的道威斯计划和 1929 年出台的杨格计划通过向德国提供大量美国投资，最终帮助德国经济恢复正常。但超级通货膨胀损害了魏玛共和国的公信力，也损害了向德国强加严苛和平条件的协约国的声誉。工资需要用手推车装、几片面包价值数十万马克的荒诞景象令人难忘。雪上加霜的是，制造超级通货膨胀的那些条件也催生了一些极端主义政治运动。在不知不觉中，堆积如山的无用钞票塑造了德国的未来。

这种把德国的整整一代人化为奴隶的政策……即便没有为整个欧洲文明的毁灭播下种子……也应当是可鄙的、令人憎恶的。

——约翰·梅纳德·凯恩斯，

《〈凡尔赛和约〉的经济后果》（1919 年）

阿道夫·希特勒

当德国在战争赔款的重担之下挣扎的时候，民族社会主义德国工人党（纳粹党）还只是德国众多影响力很小的政党之一。不过，纳粹党现在有了新的领袖。

阿道夫·希特勒于1889年出生于奥地利，第一次世界大战期间在巴伐利亚军队服役。他对和平进程的怨恨与很多德国人相同，但他还抱有一套往往不合逻辑的反动思想，其中最重要的是恶毒的种族主义、反犹主义、反马克思主义、强烈的极端民族主义，以及关于国家应当控制主要工业和报界的模糊概念。

这些思想加起来，我们可以称之为法西斯主义，但纳粹党不是某一种政治哲学的表达，而是希特勒实现个人野心的工具和多种民粹主义偏见的综合体。他是喜欢虚张声势但颇具魅力的公共演说家，擅长用简单、激动人心、普通德国人很容易理解的语言来讲述公众喜欢听的东西。他还是热情洋溢的宣传鼓动家和冷酷无情的党魁（元首），鼓励纳粹党的准军事组织（冲锋队）和军国主义青年运动（希特勒青年团）的发展。

德国的国民自信心正处于低潮，希特勒很快就找到了愿意倾听他的爆炸性演讲、愿意追随他的受众。20世纪20年代初，也就是左页这张照片拍摄的时候，纳粹党在巴伐利亚迅速扩张，影响力越来越大。到1923年时，希特勒已经做好准备，要首次尝试夺权了。

……他的演讲和写作的基调就是暴烈的反犹主义。

——《纽约时报》对希特勒政治观点的报道，1922年12月

要么德国革命从今夜开始，要么我们到明天早晨全都牺牲！

——阿道夫·希特勒在贝格勃劳凯勒啤酒馆的演说，1923年11月8日

啤酒馆政变

希特勒越来越自信，于是在1923年秋季于慕尼黑街头发动了一场冲突，即所谓“啤酒馆政变”。希特勒相信夺取巴伐利亚政权然后控制全国的时机已经成熟，于是和慕尼黑的著名政治家古斯塔夫·冯·卡尔合谋发动反叛，进军柏林，然后推举战争英雄埃里希·鲁登道夫为德国的新领导人。

然而，在10月初的关键时刻，卡尔打了退堂鼓，放弃上述计划。倍感挫折的希特勒在11月8日夜间带领鲁道夫·赫斯、赫尔曼·戈林和600名冲锋队队员，包围贝格勃劳凯勒啤酒馆。卡尔正在那里发表演讲。希特勒等人闯入啤酒馆，他用左轮手枪放了一枪，宣布推翻巴伐利亚政府。

这个夜晚在紧张的气氛中度过。次日上午密谋者走上慕尼黑街头时，显然仍没有明晰的计划，也没有足够的力量。警察和约2000名密谋者之间发生了一场小规模枪战，纳粹党政变分子被驱散。

后面这张照片是希特勒的朋友和御用摄影师海因里希·霍夫曼拍摄的，往往被认为是拍摄于1923年11月8日。实际上这张照片表现的是政变几周后冲锋队的一次演习，此时希特勒已经被逮捕。他随后因叛国的罪名入狱，但总服刑时间只有一年多一点，且在狱中享受优待，向赫斯口述了《我的奋斗》。这是一部臭名昭著的回忆录和宣言，表达了他那些浮夸、充满恨意的思想。

Férns
Freising

墨索里尼是欧洲头号虚张声势的人。就算他明天早上把我带出去枪毙，我也仍然认为他只是在虚张声势。枪决也是虚张声势。

——欧内斯特·海明威，《多伦多星报》，1923 年

墨索里尼

希特勒那失败的啤酒馆政变部分是在效仿另一位浮夸的欧洲领导人：贝尼托·墨索里尼。1922 年 10 月，这位三十九岁的记者和曾经的社会主义者率领法西斯"黑衫军""进军罗马"，推翻了首相，让自己成为意大利的政治领导人。在维托里奥·埃马努埃莱三世国王的支持下，墨索里尼开始将意大利从议会民主制国家改为极权主义国家。他以"领袖"的身份施行独裁统治。

墨索里尼发展出来的法西斯主义思想的基础是：传统主义的社会价值观、强大的国家、种族主义理论、咄咄逼人的民族主义，以及通过征服历史上与意大利有关联的土地（达尔马提亚、斯洛文尼亚、阿尔巴尼亚和萨伏依）来获取生存空间的渴望。复兴罗马帝国是他最恢宏的目标，他的手段则是暴力和强制。他的准军事组织"黑衫军"殴打他的政敌，执行领袖的意志。意大利变成了警察国家。墨索里尼还通过自负且咄咄逼人的演讲、洋溢男性气概的姿态以及获取大量头衔与官职来建立对他的个人崇拜。

墨索里尼差不多刚刚掌权，就表现出了对外扩张的野心。1923 年，意大利入侵科孚岛，对国际联盟的抗议置之不理。在北非，意大利控制了利比亚，从 1923 年开始没收当地人的土地，并围捕当地居民。意大利法西斯主义的危险性从一开始就昭然若揭，但没人知道谁会愿意抵抗这位喜欢摆姿势的"领袖"。

班加西和的黎波里很相似……在两个地方，每一面墙上都看得见墨索里尼头像的剪影……

——克努兹·霍尔姆伯，丹麦籍战争日记作者，1931 年

利比亚

在第一次世界大战爆发之前，意大利就在北非打一场断断续续的征服战争，试图控制的黎波里塔尼亚和昔兰尼加地区。而夺取马格里布地区那些曾经被罗马帝国统治的土地，是墨索里尼的雄心壮志。于是意大利军队在坦克、飞机和土著骆驼部队（如右图）的支援下，冲过沙漠，占领大片土地，直到深陷游击战泥淖而止步不前。游击战的领袖是坚韧不拔的传奇军人和《古兰经》学者奥马尔·穆赫塔尔，他一生的大部分时间都在乍得和埃及反抗英法帝国主义。

奥马尔·穆赫塔尔指挥的战士忠于塞努西部族，他的运动被称为“土著抵抗运动”。在经历了几年残酷的沙漠战争后，意大利和塞努西部族在 1929 年达成了脆弱的停战协定。然而不到一年，停战协定就被撕毁。

到了 20 世纪 30 年代，墨索里尼批准改换策略，授权冷酷无情的鲁道夫·格拉奇亚尼将军用一切手段粉碎土著的抵抗，并将的黎波里塔尼亚、昔兰尼加和南部的费赞地区统一成一块意大利殖民地，并冠之以古老的“利比亚”之名。成千上万的土著利比亚人遭到围捕，被投入集中营。1931 年，七十岁的奥马尔·穆赫塔尔被俘虏并被处以绞刑。所谓的“平定利比亚”于三年后完成。

叙利亚大起义

奥斯曼帝国在第一次世界大战中战败，留下了一个庞大的帝国供战胜国瓜分。英法大致按照 1916 年《赛克斯－皮科协定》的精神瓜分了中东。该协定更多考虑的是欧洲殖民地的存续，而不是当地居民的需求。中东曾属于奥斯曼帝国的土地，被分割为英法的托管地或“势力范围”。

法国的势力范围覆盖大叙利亚的大部分，包括黎巴嫩，但法国占领军在 1920 年差不多刚刚抵达，就不得不面对一系列起义。这些起义的目标是争取叙利亚独立，让费萨尔・伊本・侯赛因（麦加的大谢里夫的第三子）成为叙利亚统治者。

尽管起义被镇压下去、费萨尔被迫流亡，20 世纪 20 年代还是不断发生针对法国的抵抗运动。1925 年，另一次起义在德鲁兹派领袖苏尔坦・阿特拉什帕夏的领导下爆发。他鼓励叙利亚的全体阿拉伯人，不管是德鲁兹派、逊尼派、什叶派、阿拉维派还是基督徒，都加入他的起义。

哈马和霍姆斯等城市爆发起义，最激烈的一些战斗发生在大马士革周边。法军多次猛烈炮击大马士革，将城市的部分地区化为硝烟滚滚的废墟（如左图）。直到 1927 年春季，法军才恢复秩序。而直到 1945 年第二次世界大战结束之后，叙利亚才摆脱法国的殖民统治。

宗教属于真主，家园属于所有人。

——据说是 1925—1927 年苏尔坦・阿特拉什帕夏的名言

我从来没有看见过一个阿拉伯人从他身边离开时带着不满或委屈的情绪。这体现了他非常擅长待人接物……

——T. E. 劳伦斯谈费萨尔的个人品质，1926 年

费萨尔国王

1920 年，费萨尔·伊本·侯赛因（见左页图）在被法国人从叙利亚赶走时，已经历过许多风雨。他出生于 1883 年，是侯赛因·伊本·阿里的第三子。第一次世界大战期间，侯赛因自立为阿拉伯人之王，起兵反抗奥斯曼帝国。侯赛因和费萨尔父子的梦想是将曾被奥斯曼帝国统治的阿拉伯地区统一起来，建立一个国家，让传统的阿拉伯价值观超越伊斯兰教逊尼派和什叶派之间的宗教分歧与教派竞争。

费萨尔和父亲共同起兵反叛奥斯曼帝国的主要动力之一是，英国承诺等战争结束后支持他们的泛阿拉伯计划。费萨尔的朋友 T. E. 劳伦斯（即“阿拉伯的劳伦斯”）也鼓励费萨尔的这种期望。但战争结束后，英法却决定按照《赛克斯－皮科协定》来瓜分中东，费萨尔大失所望。不过，在统治叙利亚的企图失败之后，他接受了英国政府的提议，在美索不达米亚接管权力，成为伊拉克国王费萨尔一世。他没有放弃对泛阿拉伯团结的理想。他于 1933 年在访问瑞士期间去世，年仅四十八岁，此时他已经领导伊拉克摆脱了英国的监管，获得了完全独立。

基督战争

20 世纪初的墨西哥革命在 1917 年暂时结束，但在 20 世纪 20 年代，和平又被粉碎，政府和教会之间爆发战争。从 1926 年到 1929 年，在所谓的“基督战争”期间，支持教会的农民起义军和联邦政府军队对抗。这样的暴力冲突让美国摄影师詹姆斯·阿贝拍摄的这张照片（见后页）描绘的横尸遍野的现象司空见惯。

战争的催化剂是 1924 年当选的总统普鲁塔尔科·埃利亚斯·卡列斯决定执行宪法中的反天主教会的条款。神职人员被禁止从政，不得批评政府，财产权也受到严重限制。教会学校和教堂敲钟的仪式被禁止。神父被禁止公开穿戴教士服装。

政府对传统宗教生活的攻击激怒了墨西哥中部的人民，他们开始在“基督王万岁！”的口号下团结起来。起初“基督军”举行和平的游行示威和公民不服从活动，但到 1927 年年初武装农民和政府工作人员之间开始爆发流血冲突。最终，外国的斡旋（在美国大使德怀特·毛罗的领导下）和 1928 年比较倾向于和解的埃米利奥·波特斯·希尔当选为总统，让危机得以解除。然而到那时，“基督战争”已经夺去约 10 万人的生命。

我会死，但天主不会死。基督王万岁！

——“基督军”领导人阿纳克莱托·冈萨雷斯·弗洛雷斯的遗言，瓜达拉哈拉，1927 年

TERN
RUST Co

《安全至下！》

20世纪20年代涌现了一种新型的英雄：默片电影明星。葛丽泰·嘉宝、查理·卓别林、路易丝·布鲁克斯、巴斯特·基顿、范朋克和哈罗德·劳埃德那样的演员参演在洛杉矶（而不是纽约，之前的十年里电影业中心还是纽约）制作的黑白长片，在欧洲和美国变得家喻户晓。观众蜂拥去观看《淘金记》《宾虚》《十诫》《钟楼怪人》之类的电影。导演变得越来越有创造力，对情节和人物的设计也越来越大胆。

20世纪20年代，在不同电影里一再出现的喜剧人物也很受欢迎，比如卓别林的“小流浪汉”和劳埃德的“玻璃人”（如左图，这是1923年上映的浪漫喜剧《安全至下！》中的标志性场景）。劳埃德是这十年里片酬最高的影星之一，因为他特别有商业头脑：他不仅演戏，还担任制片人。但他的成功很大程度上也是由于他的人物形象的魅力、大胆的特技和不顾个人安危的勇敢。他在《安全至下！》里拍摄攀爬摩天大楼的戏之前，已经因一次片场事故而失去了右手拇指和食指（他用道具炸弹正在燃烧的引信点烟，结果被炸伤）。

默片时代昙花一现。1927年，第一部有声电影长片《爵士歌手》上映，开启了迅速向有声电影时代转型的进程。到20世纪20年代末，有声电影已经完全取代了默片。

我的幽默从来不会是残忍的，也不会玩世不恭。我只是嘲弄和取笑生活。

——哈罗德·劳埃德对自己电影生涯的回顾，1971年我想要的是永葆青春，永远随心所欲，永远能感受到我的生命是属于我自己的。

——泽尔达·菲茨杰拉德，

被称为“美国的第一个摩登女郎”，1919 年 5 月

摩登女郎

对全世界的很多女性来说，20 世纪 20 年代也是承前启后的年代，尤其是在美国。当时经济繁荣，女性选举权运动取得成功，人们认为女性对战争的胜利做出了巨大贡献，新一代女性对性、婚姻、教育、工作、公共道德与习俗也有了崭新的观念。

所谓的“咆哮的二十年代”里的一个典型形象是摩登女郎，即穿着大胆的年轻女性，她们抽烟喝酒，随心所欲地跳舞、听爵士乐，蔑视传统。她们的进步理念也反映在美国法律当中。美国宪法第十九修正案及时通过，允许各州女性在 1920 年的总统大选中投票。

然而，各地自由化的程度不一。右图中，华盛顿特区波托马克河畔沙滩上的女性正在接受泳装检查。很多州的公园管理人员坚决执行传统的法规，要求女性泳装的领口不得低于腋窝，下摆不得高于膝盖上方 4 英寸（10 厘米）。

法律相对于风尚的滞后，在女性权益的方方面面都凸显出来。泳装受限，选举权也受限：南方许多州拒绝在 1920 年通过宪法第十九修正案。要到五十年之后，佐治亚州、路易斯安那州、北卡罗来纳州才正式批准授予女性最基本的政治权利，而密西西比州直到 1984 年才批准该修正案。

TAURANT
Chop
Cutlets
Oyster
OYSTERS
NO BOOZE
SOLD HERE
BOOZE HOUNDS PLEAS
STAY OUT

禁酒令

与摩登女郎的自由放纵形成对比的是美国社会中一种新的保守主义，其最鲜明的代表就是禁酒令：美国宪法第十八修正案规定在全国范围禁止生产和销售酒类，1920年1月16日生效的《沃尔斯泰德法》负责执行该修正案。

早在内战之前，禁酒运动在美国就有很大声势。禁酒运动由一个虔诚的、主要由新教徒组成的团体发起，从道德层面反对饮酒，理由是饮酒会导致暴力、贫困、腐败和懒惰等社会弊端。新加入联邦的州，比如堪萨斯、北达科他和俄克拉荷马在州宪法里规定禁酒。不过，在第一次世界大战期间，“反酒馆联盟”等团体的游说把禁酒从地方性问题转变成了全国性的针对“恶魔饮料”的讨伐。

禁酒令产生了大体上适得其反的效果。有人说禁止生产酒类就能节约大批粮食，但禁酒也导致政府税收大幅下降。强制执行禁酒没有让美国人对酒的渴望消失，反而让它更加强烈。左图中是纽约市的一家餐厅宣传自己遵守禁酒令，但非法的酒吧如雨后春笋般出现，而且生意兴隆。非法生产和销售酒类造就了利润丰厚的黑市，阿尔·卡彭的芝加哥团伙之类的凶残匪帮控制了黑市。

现在激起民愤的不是酗酒，而是猖獗的犯罪和私酒贩子之间的残杀，比如1929年2月的“情人节大屠杀”。1933年，美国政府正式放弃禁酒令。出发点良好的试验最后以灰溜溜的失败收场。

三K党

禁酒令的最坚定支持者包括三K党。这是个排外、白人至上的组织，最早于美国内战后的重建时期在南方成立，20世纪20年代死灰复燃，吸引了美国许多中产阶级白人。三K党的特点是顽固的新教偏见、反进步主义的情绪、威胁恐吓与装神弄鬼的宗教仪式。

1915年的默片《一个国家的诞生》刺激了三K党的卷土重来。这部电影将最早的三K党粉饰成捍卫美国美德的角色。亚拉巴马州的庸医威廉·J.西蒙斯决定复苏三K党，自己担任“帝国巫师”。虽然起步缓慢，复苏的三K党在20世纪20年代火爆起来，巅峰时期的会员多达400万人。三K党的目标是抵制所谓的道德沦丧。他们反对酗酒、贩卖私酒、性滥交、犯罪和堕胎。

三K党身穿白袍参加集会，举行公开游行，暴力袭击平民，恐吓他们眼中的不道德分子，以及黑人、犹太人、天主教徒、共产党人、墨西哥人和亚裔美国人。最初，三K党的主要攻击目标是黑人，所以说后来的三K党的攻击对象扩大了许多。他们的手段包括焚烧十字架，把受害者浑身涂上柏油并粘上羽毛，以及私刑和鞭笞。

三K党活动的一个核心部分是浮夸的仪式。左边杰克·本顿拍摄的这张照片里，一名三K党新成员在夜间参加入会仪式，仪式在燃烧的十字架和美国国旗前举行。身穿制服举行仪式和施行暴民统治的刺激感吸引了很多美国人，他们往往即便没有加入三K党，也理解三K党的手段和方法。

最终，三K党的暴力活动适得其反。20世纪30年代，会员人数大幅减少。不过到60年代民权运动期间，三K党将第三次崛起。

勇攀珠穆朗玛峰

1865年，英国皇家地理学会用脾气暴躁、不讨人喜欢的前主席乔治·埃佛勒斯爵士的名字命名了世界第一高峰，“埃佛勒斯峰”（即珠穆朗玛峰）。但当时还没有一个人攀登过这座8848米的高峰然后回来讲述自己的冒险故事。20世纪20年代初，三支探险队先后向珠穆朗玛峰发起挑战。他们从英属印度出发，取道西藏进入西方人知之甚少的喜马拉雅山脉，寻找道路通过条件恶劣的地域，战胜令人痛苦的高海拔和恐怖的天气，希望最终攀登到世界之巅。

1921年，一支探索性质的远征队经过了古老的要塞城镇定日（也叫岗嘎，意思是“高高的营地”）。右边这张照片里的人物就是当地的军事总管与他的母亲及妻子。次年，一支探险队直接向珠穆朗玛峰发起挑战，但遭遇雪崩，七名西藏和尼泊尔脚夫遇难，挑战就此失败。1924年，第三支探险队也失败了，并且也有人员伤亡。这次的遇难者包括英国登山家桑迪·欧文和乔治·马洛里。马洛里是唯一参加过全部三次远征的人，并且他较晚认识到，只有借助氧气罐的辅助才可能攀登到珠穆朗玛峰之巅。有人问他，攀登这样一座令人生畏的山峰简直就是自杀，究竟有何意义？他说出了那句著名的话：“因为它就在那儿。”他的尸体一直等到1999年才在山坡上被发现，保存状况良好。

只要出现攀登高峰的机遇，我们就必须……用我们的技能去战胜障碍，直到这样的机遇全部消失。

——乔治·马洛里在定日镇附近记录自己对珠穆朗玛峰的印象，1921年6月

飞越大西洋

登山的最大挑战是珠穆朗玛峰，而飞行的最大挑战是飞越大西洋。1919 年，英国飞行家约翰·阿尔科克和阿瑟·布朗驾驶一架经过改造的第一次世界大战时期的双翼轰炸机，从纽芬兰的圣约翰飞行到爱尔兰的戈尔韦郡。1927 年，二十五岁的美国航空邮件机飞行员查尔斯·林白独自从纽约飞到了巴黎。

这次飞行让林白终身享有国际声誉，但右图中的阿梅莉亚·埃尔哈特的声望很快就超过了他。她于 1928 年作为三人机组成员之一飞越大西洋，成为第一位完成这项壮举的女性。四年后，她又成为第一位独自飞越大西洋的女性。

埃尔哈特是非常典型的 20 世纪 20 年代的美国女性。她喜欢男孩式的装扮，喜欢当名人的感觉，结婚之后拒绝改姓，还担任了“九十九协会”的主席，该组织的宗旨是支持女性飞行员的事业。

然而，埃尔哈特最让世人铭记的举动是她的失踪。1937 年，她和导航员弗莱德·努南驾驶一架经过专门改造的洛克希德公司的“厄勒克特拉 10E”飞机，开始了全程 47000 公里的环球飞行。他们从加利福尼亚州奥克兰起飞，向东飞行，完成了航程的大部分。1937 年 7 月 2 日，他们从新几内亚的莱城（Lae）起飞，准备飞越太平洋，前往不起眼的豪兰岛。

一系列的导航错误导致他们最终未能抵达目的地。至今我们仍然说不准他们的最终命运如何：要么是洛克希德飞机燃油耗尽、坠入大海，要么（不过可能性不大）他们降落到了别处，最终饿死，或被土著俘虏和杀害。他们的神秘命运至今仍然在刺激各种荒诞不经的揣测和阴谋论。

最后的大冒险万岁！我希望我能赢，但不管怎么样都是值得的。

——埃尔哈特第一次飞越大西洋之前写给父亲的信，
谈到自己可能会死亡，1928 年 6 月 1 日

$100. WILL
BUY THIS CAR.
MUST HAVE CASH.
LOST ALL ON THE
STOCK MARKET

这会涤荡体制内的腐败……人们会更加勤奋地工作，遵守道德规范。价值观会得到调整。

——美国财政部部长安德鲁·梅隆

华尔街股灾

第一次世界大战结束十年后，世界经济开始复苏。尽管世界上有很多地方发生了内战和社会动乱，但人们对未来仍然持乐观态度。美国总统卡尔文·柯立芝在1928年的国情咨文演讲中说到国内的“安静祥和与心满意足”，以及国外的问题“被友谊的力量解决”。他说，美国人“可以对当下感到满意，对未来充满乐观”。

然而，在1929年10月28日（星期一）到29日（星期二），纽约股市市值暴跌约25%，这是历史上最严重的金融崩溃。交易员惊慌失措地抛售股票，让很多人的毕生积蓄瞬间灰飞烟灭，千百万人的生活被失控的金钱狂潮扰乱。交易所里爆发斗殴。破产的投资人，比如左图中的股票经纪人沃尔特·桑顿，到大街上抛售自己的资产。

华尔街的金融崩溃持续了两周，但它的影响会持续许多年。大量企业破产，数百万人失业，金融危机如同病毒般蔓延到世界上每一个主要经济体。“咆哮的二十年代”以恐怖的尖叫结束，世界陷入大萧条，要经历一代人的时间和又一次世界大战，世界经济才会恢复。

1930年代

战争之路

我们…… 在控制微妙的机器时犯下了大错，

因为我们根本不懂它的工作原理。

——约翰·梅纳德·凯恩斯，《1930 年的大萧条》

“妈妈被枪击了!”1936年3月11日，弗洛伦斯·欧文斯的一大群孩子在《旧金山新闻》上看到母亲的照片时，其中一个孩子这样喊道。三十二岁的弗洛伦斯并没有遭到枪击。在这份报纸上的照片里，她的额头中央有一个墨点，形似弹孔。这幅照片（第306页）是几天前在加利福尼亚101号高速公路沿线一处摘豌豆工人的营地拍摄的，她的形象因此成为一个时代的象征。

很少有人知道弗洛伦斯的名字。不过，她满脸愁容地凝视前方的目光，再加上她那两个没有露脸的女儿凯瑟琳和诺尔玛的显然的绝望，似乎记录了20世纪30年代美国全境和世界各地普通民众最刻骨的恐惧。

工作难找，许多家庭陷入赤贫，严重的经济萧条对全体美国人产生了极大影响。在加利福尼亚以东一千英里的美国大平原上，长期的干旱把数百万英亩的农田化为沙漠，这就是所谓的“干旱尘暴区”。未来无比灰暗。

这张照片的拍摄者是四十岁的摄影师多萝西·兰格。富兰克林·D. 罗斯福的移垦管理局派遣她到美国荒野调研。移垦管理局是一个联邦机构，负责向1929年华尔街股市崩溃之后因经济危机而失去家园和工作的人提供抚慰和救济。

弗洛伦斯·欧文斯是这个时代的典型人物。她是遭到排挤的北美原住民的后代，和四个不同的男人生了十个孩子，带着孩子们到全国各地寻找采摘蔬菜的艰苦工作。遇见兰格的那天，她们一家停在了摘豌豆工人的营地，因为弗洛伦斯的伴侣的汽车，一辆哈德逊轿车，抛锚了。（兰格在笔记里说是因为他们卖掉了汽车轮胎，这是错误的。）和其他千百万美国人一样，弗洛伦斯一家浑身脏兮兮、饥肠辘辘、身无分文。

然而，他们可能也不像这张照片暗示的那样全无希望。后来，欧文斯和她的孩子们表达了对兰格运用她们的面孔传播的故事的不满。

1930年

2月越南共产党成立。

3月 印度律师和民权运动领袖莫罕达斯·甘地开始从艾哈迈达巴德到丹迪的“食盐进军”。

10月 巴西爆发革命，推翻华盛顿·路易斯，推举热图利奥·瓦加斯为总统。

1931年

3月 美国采纳《星条旗》为国歌。

8月 中国发生严重洪灾，导致数百万人死亡。

10月 救世基督像（庞大的伸出双臂的基督雕像）在里约热内卢一座山顶正式揭幕。

1932年

3月 乌克兰大饥荒开始。乌克兰和苏联其他地区的饥荒导致数百万人死亡。

6月 玻利维亚和巴拉圭为了争夺有争议的格兰查科领土而爆发查科战争。

9月 沙特王朝完成对阿拉伯半岛的征服和统一，建立沙特阿拉伯王国。

1933年

1月 德国总统保罗·冯·兴登堡任命阿道夫·希特勒为总理。

3月 富兰克林·D. 罗斯福就任美国总统。他开启“新政”，对抗大萧条的影响。

12月 禁酒时代在美国正式结束。

1934年

6月/7月 长刀之夜。纳粹党内部发生一系列谋杀和清洗。

8月 德国总统兴登堡去世。希特勒成为德国元首。

10月 面对国民党军队的进攻，中国共产党领导的工农红军开始长征。

不过对广大公众而言，这张照片（兰格用一台格拉菲照相机快速拍摄了一组共六张照片，此为其中之一）反映了美国梦似乎已经处于瓦解的边缘。

兰格的上级罗伊·埃默森·斯特赖克说，这是那个时代的“终极”（ultimate）照片。

斯特赖克说的这个时代可谓黑云压城城欲摧。当时国际政治的两大主题是危机和灾难。华尔街股市崩盘给美国全境造成灾难，还把全球经济拖入大萧条，这比 19 世纪末给全球经济和社会带来灾难性影响的“长期萧条”还要严重。单纯从经济学角度看，大萧条已经十分严重，而它对国家和国际关系的影响则更加糟糕。在西欧，法西斯主义声势浩大。德国、意大利和西班牙的法西斯分子在 20 世纪 30 年代末控制了所在国的政府。德国的局势最令人警醒：阿道夫·希特勒的纳粹党在 1933 年上台，开始重整军备，为新的欧洲战争做准备，并煽动德国人最恶劣的本能，让他们去支持压迫（后来是谋杀）犹太人与其他少数民族的政策。

在远东，中国的国共内战因为日本发动的侵略东三省的战争而打打停停。在苏联，约瑟夫·斯大林的农业集体化政策导致许多人饿死。南美洲也陷入战争和革命。在印度，反对英国统治的和平抗议往往遭到暴力镇压。如果 1929 年美国股市没有崩溃，上述情况是否仍会发生呢？这是个有争议的问题，或许我们永远不能知道真相。我们能够确定的是，在 20 世纪 30 年代，世界正在走向一场大清算，它会比第一次世界大战更恐怖。

弗洛伦斯·欧文斯凝视兰格的格拉菲照相机镜头的时候，或许没有想到上面这些。她最关心的是给自己年龄稍大的孩子提供食物，给自己怀抱的婴儿喂奶，并修理她的哈德逊汽车中的散热器。不过，在兰格按下快门之后，千百万人会看到欧文斯遍布愁容的脸庞，并思考他们自己的疑惑、苦难和忧愁。

1935 年

1 月 意大利殖民地的黎波里塔尼亚和昔兰尼加合并，成为利比亚。

2 月 阿道夫·希特勒不顾《凡尔赛和约》，开始在德国重整军备。

4 月 沙尘暴袭击美国大草原。

1936 年

5 月 意大利军队遵照墨索里尼 1935 年的命令入侵埃塞俄比亚，占领亚的斯亚贝巴。

7 月 西班牙爆发内战，共和派和民族主义者两方面都吸引到国际援助。

8 月 柏林夏季奥运会举行。美国的非洲裔短跑选手杰西·欧文斯赢得四枚金牌。

1937 年

5 月 德国的齐柏林飞艇“兴登堡”号在新泽西接近降落地点时起火坠毁。

7 月 卢沟桥事变爆发，中国开始全面抗日战争。这场战争一直持续到 1945 年。

12 月 南京大屠杀开始。日本军队在南京犯下了累累罪行。

1938 年

3 月 德国吞并奥地利。

9 月 英国首相内维尔·张伯伦说他与希特勒的《慕尼黑协定》赢得了“我们时代的和平”。

11 月 水晶之夜。德国发生暴力袭击犹太人商店和企业的恶性事件。

1939 年

3 月 德国不顾《慕尼黑协定》，入侵捷克斯洛伐克。

4 月 意大利入侵阿尔巴尼亚；索古一世国王和王室成员流亡到英格兰。

9 月 希特勒下令入侵波兰。英法对德宣战。第二次世界大战爆发。

新政

大萧条是美国自独立战争和内战以来面临的最严重危机。独立战争和内战时代，美国都出现了伟大的总统。20 世纪 30 年代将会出现一位同样伟大的领导人。在 1932 年的大选中，纽约州民主党州长富兰克林·德拉诺·罗斯福以压倒性优势取胜，他以“新政”的承诺打败现任总统、共和党候选人赫伯特·胡佛。

罗斯福被称为 FDR。右边这张照片是在 1933 年 3 月 4 日他的就职典礼上拍摄的。他是一位不折不扣的美国贵族精英。他是哈佛大学和哥伦比亚大学法学院的校友，是第二十六任总统西奥多·罗斯福的远亲，还在 1905 年娶了西奥多·罗斯福的侄女埃莉诺·罗斯福。不过，他的“新政”是显而易见的民粹主义政策，旨在改革美国的金融体系，促进经济复苏，并救济受大萧条影响最大的民众。他的救济手段包括收入补助、公共工程里的就业岗位，以及社会保障支付。

美国历史学家至今仍在激烈争论“新政”的成功与否及其长期后果，部分原因是罗斯福的总统任期在美国政治和社会当中划出了一条崭新的分界线，但罗斯福作为美国伟大政治家的地位毋庸置疑。尽管多年来受到小儿麻痹症后遗症的折磨，他是唯一一位在任超过两届的美国总统。他四次当选总统，于 1945 年 4 月，也就是第二次世界大战末期在任上去世。

新政显然是为了实现务实可行的社会主义，避免美国社会崩溃……

——H. G. 威尔斯，《世界新秩序》（1940 年）

在人们的灵魂当中，愤怒的葡萄正在日渐成熟和饱满。

——美国小说家约翰·斯坦贝克，

《愤怒的葡萄》（1939 年）

大萧条

大萧条如瘟疫般横扫全球，造成贫困、匮乏和流离失所。大萧条蔓延的速度和它造成的破坏引发了社会动荡与暴乱，刺激很多人走向政治极端。

中国、日本和苏联的经济相对封闭，较少受到贸易和外界的影响。然而，在这三个国家之外，很少有国家能够逃脱金融失血和经济崩盘的感染。国民收入骤降，有些地区的国内生产总值暴跌了一半甚至更多，许多银行破产，出现通货紧缩，若干政府垮台。许多国家脱离了金本位制（此前一个多世纪里一直是金本位制在管理货币价值和影响汇率）。

金融崩溃最终造成民众的苦难。在 1932 年的澳大利亚（左图中的儿童出自这个时代和环境），失业率高达 29%。这给人们带来了艰难困苦，但还远远谈不上是全世界最严重的。在英国北方工业区的有些地方，成年人中有 70% 的人失业。

经济动荡和千百万人生活水准急剧下降促使许多政府寻求激进的解决方案，而选民也在寻找激进的政府。造成后果最严重的地方就是德国。在魏玛共和国的年代，危机接踵而至，德国仍然羸弱。在许多极右分子看来，德国重返军国主义和专制独裁的时机已经成熟。

纳粹党

在整个20世纪20年代，纳粹党一直被视为由暴徒组成的边缘群体，或者大家把它看作笑话，不当回事。但到了1933年春季，纳粹党领袖阿道夫·希特勒（右图背影，他在多特蒙德的一次集会上向追随者发表讲话）已经成为德国独裁者。

希特勒之所以能够崛起，一个重要原因是他把民族主义者对《凡尔赛和约》的怨恨与普通德国人对大萧条时期艰难困苦的不满结合起来。他鼓吹歇斯底里的反犹和反共思想，把国家的困难归咎于境内的敌人。

从1929年起，纳粹党和共产党都在德国大选中稳步取得进展。两党都在德国议会不断扩张势力，同时运用各自的准军事组织在街头厮杀。不过最后，纳粹党在选举和街头斗殴中都取得胜利。通过希特勒的个人魅力、恩斯特·罗姆领导下的冲锋队"褐衫军"的打打杀杀，以及约瑟夫·戈培尔领导下咄咄逼人的宣传攻势，纳粹党于1932年11月成为德国第一大党。

年迈的德国总统保罗·冯·兴登堡被人说服，于1933年1月30日任命希特勒为总理。不到两个月后，希特勒根据《授权法》获取独裁权力。兴登堡于次年夏季去世，整个德国军队向元首而不是国家宣誓效忠。德国公共生活的重新军事化和纳粹化开始了。

&
Froitzheim

水晶之夜

希特勒从不掩饰自己对犹太民族的鄙夷，《我的奋斗》里满是荒诞不经的反犹言论。他成为元首之后，对犹太人的骚扰、迫害和后来的大规模谋杀成为纳粹政策的核心目标之一。

1933 年希特勒掌权之后，犹太人就被禁止在医药、法律、电影和新闻等行业工作。犹太儿童被从德国学校中开除。犹太人被禁止拥有农田。1935 年通过的《纽伦堡法》剥夺了德国犹太人的公民权和其他基本权利。犹太人和非犹太人的婚姻被禁止，犹太人被禁止使用德国国旗。与此同时，疯狂的反犹宣传也在为这些法律摇旗呐喊。

1938 年 11 月 9 日至 10 日夜间，在犹太人被逐出德国的大背景下，纳粹党的准军事组织冲锋队在德国全境发动了一系列反犹迫害活动，对犹太会堂和犹太人商店（比如前面跨页图中柏林的这些商店）进行打砸抢烧。

数千家商店被严重破坏，有的甚至无法修复。这就是所谓的“水晶之夜”，它标志着赤裸裸的纳粹反犹暴力的再次升级。后来，戈培尔在向外国媒体发表讲话时宣称，这些反犹活动是德国人民自发的行动，是为了抗议德国外交官恩斯特·冯·拉特在巴黎被一个名叫赫舍·格林斯潘的少年谋杀。格林斯潘是波兰犹太人，因为德国的反犹气氛而被迫离开德国。戈培尔的说法是彻头彻尾的谎言。纳粹对犹太人的迫害很快会变得更加凶狠和残酷。

德国的所有伟人……都犯过错误。希特勒的追随者不是洁白无瑕的。只有他是纯洁的。

——莱尼·里芬斯塔尔，1938 年

纳粹同情者

在“水晶之夜”发生的同时，德国舞蹈家、演员和电影导演莱尼·里芬斯塔尔正在美国旅行。一位报社记者问她对阿道夫·希特勒的看法，她滔滔不绝地表达对他的仰慕，赞誉他为“史上第一伟人”。

里芬斯塔尔是才华横溢、在技术上有过革命性贡献的导演，但她完全被元首迷住了。纳粹党成为她的慷慨大方的恩主，聘请她拍摄关于 1933 年和 1934 年纽伦堡党代会的电影《信仰的胜利》和《意志的胜利》。（右边这张照片里，她正在拍摄《意志的胜利》。）1936 年，她拍摄了记录柏林奥运会的《奥林匹亚》。

德国的显要人物当中同情纳粹的不在少数，里芬斯塔尔只是其中之一。很多知识分子，比如犹太人物理学家阿尔伯特·爱因斯坦和马克斯·玻恩，为自己的生命担忧所以逃离德国。但也有一些艺术家和作家，包括里芬斯塔尔和哲学家马丁·海德格尔，公开与纳粹党结交，支持该党和该党的政策。至于纳粹党的政策是什么，从来没有疑问：对内反犹；对外快速重整军备、实施赤裸裸的军事扩张。希特勒在 1938—1939 年吞并奥地利和捷克斯洛伐克，随后将目光投向欧洲的其他地区。

里芬斯塔尔拍摄的最后一部与纳粹有关的电影讲的是 1939 年入侵波兰的行动，表面上是战争新闻片。她活到了战后，没有因为与纳粹党的关系而遭到起诉（不过受到了谴责），于 2003 年去世。

阿比西尼亚

贝尼托·墨索里尼和阿道夫·希特勒一样，内心里也有关于征服和民族主义荣耀的梦想。1935 年，为了这个梦想，他走出挑衅的一步，入侵阿比西尼亚（即埃塞俄比亚帝国）。阿比西尼亚与意大利的殖民地索马里兰接壤，并且是除利比里亚之外唯一在帝国主义列强“瓜分非洲”期间维持独立的非洲国家。墨索里尼的借口是 1934 年 12 月发生在瓦尔瓦尔的一次边境冲突。他下令在埃塞俄比亚边境集结重兵，于 1935 年 10 月发动全面入侵。

埃塞俄比亚皇帝海尔·塞拉西多次向国际联盟求助，唯一的结果是国际联盟证明了自己有多无用。它的两个主要成员国英法都是正在殖民非洲的帝国主义国家，而且都更担心希特勒的重整军备，所以最终选择了绥靖，而不是行动。国际联盟对意大利实施了一系列不痛不痒的制裁，墨索里尼置之不理。埃塞俄比亚只能孤军奋战。右边这张照片表现的是一位沙漠酋长准备迎战装备了坦克和芥子毒气的意大利军队。

意大利军队于 1936 年 5 月占领阿比西尼亚首都亚的斯亚贝巴。海尔·塞拉西离开自己的国家，流亡到英国，在那里居住了五年，直到 1941 年复辟。他说，法西斯主义是“一条残忍而渎神的恶龙，它在近期崛起，正在压迫人类”。

阿比西尼亚武士……会毫无畏惧地进攻，绝不会颤抖，哪怕他要面对坦克。

——埃里克·维尔京将军，

海尔·塞拉西的瑞典籍军事顾问，1935 年

MONAQUATRE
M-54504

西班牙内战

意大利入侵阿比西尼亚之后不久，在 1936 年 7 月，西班牙爆发内战。从表面上看，西班牙内战的一方是共和派，即民选产生的“人民阵线”政府（包括温和社会主义者和其他左翼分子）；另一方是弗朗西斯科·佛朗哥将军领导的保守派和极右群体的联盟，包括民族主义者、君主主义者和法西斯分子（被称为长枪党）。

然而，西班牙内战实际上是一场代理人战争，交战双方都得到国际势力的支持。佛朗哥得到希特勒和墨索里尼的支持。共和派得到法国的秘密支持，而苏联、墨西哥左翼革命政府和“国际旅”（包括来自英国、加拿大、美国、波兰、南斯拉夫等国的志愿者）则公开支持西班牙共和派。

三年时间里，双方在乡村交锋，在城市作战。左边这张照片表现的是马德里附近托里霍斯的一场战役结束后的场景。随着佛朗哥在 1936 年 7 月占领了西班牙的南部和西部，民族主义者的行刑队大肆活动。共和派也以牙还牙。西班牙内战因为外国强大势力（比如“秃鹰军团”，这是德国的一个陆军和空军混合单位）的干预而变得错综复杂。

赫尔曼·戈林领导下的德国空军利用西班牙内战测试了自己的作战飞机，如斯图卡俯冲轰炸机。德国空军在西班牙最臭名昭著的一次行动是对格尔尼卡进行的恐怖轰炸。巴勃罗·毕加索的画作让此事件永载史册。西班牙内战于 1939 年结束，佛朗哥获胜，而那时西班牙的很大一部分已经化为废墟。

如果你问我为什么要参加民兵，我的回答是：“反抗法西斯主义。”如果你问我为什么而战，我的回答是：“为了基本的体面。”

——英国作家和记者乔治·奥威尔，

《向加泰罗尼亚致敬》（1938 年）

索古一世国王

20世纪30年代欧洲第二梯队的铁腕人物当中有艾哈迈德·索古，他在1928年以阿尔巴尼亚总统的身份自立为王，头衔是索古一世。

索古一世是威权主义的统治者，但致力于推动国家现代化，废止伊斯兰法律，改革阿尔巴尼亚货币，向逃离纳粹德国和被吞并的奥地利的犹太人开放边界。

然而，索古一世相对开明的专制没有维持多长时间。阿尔巴尼亚薄弱的经济在大萧条当中损失惨重，他不得不向法西斯意大利寻求经济援助和政治支持。墨索里尼利用索古一世的弱点，把阿尔巴尼亚变成意大利的附庸国，让阿尔巴尼亚接受意大利移民，专横独断地决定阿尔巴尼亚的经济政策，并要求全面控制阿尔巴尼亚的国家机构。

当索古一世拒绝接受这种不平等盟约时，墨索里尼就派遣意大利军队入侵阿尔巴尼亚。1939年，索古一世、他的妻子（匈牙利－美国混血的杰拉尔丁·阿波尼伯爵小姐，右图中央）和他们新生的儿子莱卡携带尽可能多的金条逃离了阿尔巴尼亚。他们周游欧洲（这张照片是在瑞典拍摄的），然后定居在伦敦的丽兹酒店。索古一世再也没能返回他的王国，不过曾与英国双面间谍金·菲尔比合谋反对阿尔巴尼亚的共产党政权（存续时间为1946—1992年）。索古一世于1961年在巴黎去世，享年六十五岁。他习惯每天吸两百根香烟，所以这已经算是高寿了。杰拉尔丁王后于2002年去世。

真正的阿尔巴尼亚人在内心是君主主义者。

——索古一世对美国驻地拉那大使赫尔曼·伯恩斯坦说的话，1933年

救世基督像

在法西斯主义的欧洲越来越亵渎神明的同时，巴西人在努力维持信仰。1889年巴西第一共和国（老共和国）建立之后，有人担心政教分离会导致基督教衰落，于是巴西人开始计划在当时的首都里约热内卢竖立一座巨大的雕像，好让天主教徒公民不管何时眺望城市的天际线都能看得见它。

这就是高38米、重1145吨、装饰艺术风格的救世基督像，它屹立在驼背山的雄伟顶峰之上。雕像的设计者是巴西建筑师埃托尔·达·席尔瓦·科斯塔和法国工程师阿尔贝·卡科，建造者是法国－波兰雕塑家保罗·兰多斯基。他在自己位于巴黎的工作室先用陶土制作雕像的模型，然后用钢筋混凝土建造真正的雕像。为了软化粗糙的混凝土正立面，救世基督像的表面贴了大量在附近的欧鲁普雷图开采的小块滑石。

右边这张照片表现的是雕像接近竣工时的状态。正式的揭幕仪式于1931年10月12日举行，但救世基督像揭幕之时巴西正处于动荡中。1930年，第一共和国在一次军事政变之后垮台，民粹主义领袖热图利奥·瓦加斯成为临时总统。起初瓦加斯开展了大规模改革，旨在推动巴西经济的现代化，但他在1937年成为独裁者，建立了“新国家”。这个极权主义政府一直延续到1945年。

地球陷入了蒙昧，而神圣救世主的雕像将是从蒙昧中崛起的第一个形象……

——埃托尔·达·席尔瓦·科斯塔，约1922年

侵略战争，即并非为了保卫祖国而打的战争，是一种集体犯罪……

——阿根廷政治家卡洛斯·萨维德拉·拉马斯，结束查科战争的和谈的斡旋者，1936年

查科战争

在南美洲的另一个地方，玻利维亚和巴拉圭为了格兰查科的一部分打得不可开交。格兰查科是一片广袤而炎热的低地，有石油矿藏。更重要的是，谁控制了格兰查科，谁就能通过巴拉圭河进入大西洋。玻利维亚和巴拉圭都是内陆国，而且都在19世纪的战争中损失过领土，所以近几十年来对格兰查科的控制权显得越来越重要，最终导致两国在1932年开战。

左图中的飞机是一架德制的容克斯Ju-52飞机，主要用来运输（不过在西班牙内战期间，德军曾使用几架该型飞机轰炸格尔尼卡）。查科战争期间玻利维亚拥有四架Ju-52，主要用来向前线运送给养和撤出伤员，如图所示。在查科战争中，军用飞机、坦克和重炮首次在南美洲投入实战。

在战争开始的时候，巴拉圭比玻利维亚穷，军力也较弱，但到1935年夏季战争结束时，巴拉圭已经控制格兰查科的大部分。毒蛇肆虐的沼泽和丛林中的激战以及流行疫病导致了很高的伤亡数字，有约10万人死亡，还有数千人被迫永久性地背井离乡。

毛泽东和朱德

20 世纪 30 年代初，中国正深陷一场长期内战。很多派系参加了内战，但处于战争的意识形态和军事核心的是蒋介石领导的国民党和毛泽东领导的共产党。毛泽东在其漫长的一生中都致力于革命斗争。

左页这张照片拍摄于 20 世纪 30 年代末，表现的是毛泽东和朱德在一起。朱德在 20 世纪 20 年代曾在德国和俄国游历，回到中国的时候积极投身革命工作。朱德对中国工农红军（通常简称为中国红军）的建立做出了重大贡献。

毛泽东和朱德是一对紧密合作的军事和政治搭档，他俩的私人关系也非常密切，以至于人们把他俩合称“朱毛”。20 世纪 20 年代末他们是江西省苏维埃的革命者，他们的联盟关系持续了半个世纪，1976 年他们在几周内相继去世。

当年鏖战急，弹洞前村壁。

——毛泽东，《菩萨蛮 · 大柏地》，1933 年

据说昨夜有 1000 名妇女与女童遭到强奸……如果她们的丈夫或兄弟敢于反抗，就会被枪杀。

——约翰 · 拉贝，南京，1937 年

满洲

满洲是中国东北与日本海毗邻的一片广袤土地，拥有丰富的煤炭、金属资源以及肥沃的农田。日本对满洲早就垂涎三尺。

1931 年 9 月，日本关东军（这里的“关东”指的是 1905 年租借给日本的辽东半岛）的军官制造了所谓的“奉天事变”（九一八事变），炸毁了一段铁路。随后日本以“惩罚”中国为借口，对满洲发动全面入侵。

次年，日本不顾国际联盟的抗议（然后干脆脱离国际联盟），宣布满洲成为一个独立“国家”，称为“满洲国”。1912 年被革命废黜的清朝末代皇帝溥仪现在被扶植为傀儡皇帝。

随后五年间，中国军队和日本军队之间发生了若干小规模武装冲突。1937 年双方爆发了大规模战争，日军潮水般涌入满洲，并向北京、上海等中国城市发动进攻。数十万日军进入中国作战，包括后面跨页图中的这些士兵，他们正在战争新阶段的开端从东京开往前线。

关于日军暴行的恐怖故事迅速传播。最臭名昭著的“南京大屠杀”导致多达 30 万平民死亡，大量平民遭到性侵、轮奸、酷刑折磨，甚至出现食人的现象。这场凶残战争的基调就这样确立了。战争会一直持续到 1945 年。

我现在见过了阿拉伯的所有国王，还没见过比这个人更伟岸的……

——黎巴嫩裔美国作家阿明·里哈尼，20 世纪 20 年代

沙特王朝

在中东，20 世纪 30 年代见证了一个新王国的诞生。多年来，诸多部落、埃米尔和谢赫互相厮杀，争夺阿拉伯半岛。1932 年，沙特王朝完成了对阿拉伯半岛主体部分的征服，将内志（半岛的内陆，首府为利雅得）和汉志（半岛的西部沿海地区，包括圣城麦加和麦地那）统一起来。

新的沙特阿拉伯王国于 1932 年 9 月 23 日建立，首任统治者是魁梧、粗壮、心直口快、时年五十七岁的阿卜杜勒－阿齐兹·伊本·沙特。六年后，美国科学家在该国东部省的达曼沙漠发现了全世界最大的油田，沙特阿拉伯的命运发生了戏剧性变化。沙特阿拉伯和伊本·沙特现在成为全球事务的关键参与者。沙特王朝不仅是伊斯兰教最神圣的圣地的守护者，还受到世界各国领导人的追捧和逢迎，因为在这个工业化快速发展的世界里，大家都想获取沙特阿拉伯的自然资源。

左边这张照片是伊本·沙特（坐者，中央位置）和他庞大家族的若干成员的留影。这位国王拥有多位妻子和大约一百个儿女，包括至少四十五个儿子，其中六人在伊本·沙特于 1953 年去世之后相继统治沙特阿拉伯王国。

食盐进军

“Satyagraha”（真理永恒）是印度律师和民权运动领袖莫罕达斯·甘地给他反抗英国殖民统治的策略取的名字。此前他在南非捍卫印度人权利时发起的运动也叫这个名字。在梵文中，Satyagraha 的字面意思是“礼貌地坚持真理”，这个词被用来描述大规模的公民不服从运动。1930 年，甘地将注意力集中于一种简单、常见的商品：食盐。

在英国统治下，政府垄断了食盐的生产并对其课税，而且向印度人销售食盐时还会大幅涨价。甘地推断，如果印度人拒绝服从英国颁布的食盐法，就会给英国造成巨大的经济损失，而且无须诉诸暴力。3 月 12 日，他离开自己位于艾哈迈达巴德的宗教隐修地，开始徒步 320 公里，前往印度西海岸，打算在那里利用海水制造食盐，这当然是违法的。

一个月后甘地抵达丹迪的盐场时，已经有成千上万人追随他。甘地被逮捕并入狱数周，但他的抗议的象征意义是显而易见的。它在印度各地激发了更多的食盐反叛和其他形式的公民不服从运动。英国人的回应是暴力镇压，这向外界凸显了他们的帝国主义统治的不公正。

甘地的支持者称他为“圣雄”。左图中他正和诗人与政治活动家沙拉金尼·奈都一起走在食盐进军的路上。奈都是他的长期支持者之一，也是印度独立运动的一位伟人。

我们决心动用一切资源，开展非暴力的斗争。

——莫罕达斯·甘地在食盐进军期间如此告诉他的追随者，1930 年

现在我们能够继续对富农发动坚决的攻击，消灭这个阶级……

——约瑟夫·斯大林，1929 年 12 月 29 日

农业集体化

在苏联，政府的关键意识形态和经济目标之一是彻底改变农业。自耕农经济被认为不足以支撑斯大林雄心勃勃的工业化宏图。自耕农为了自己的利益而劳动，这违反了苏维埃思想的最重要原则。

20 世纪 30 年代，苏联全境的农场被强制集体化。它们被集合起来，组成庞大的农业社区，称为集体农庄。政府设定农业生产的指标，然后再大规模地征集粮食。1929 年，苏联全部农庄中的不到 5% 被集体化；十年后，95% 的农庄已经被集体化。

农民比较抵抗集体化，因为很多农民把集体化视为重返 1861 年被沙皇废除的农奴制。这种想法不无道理，因为农民被禁止离开集体农庄，而且政府会收走他们的劳动果实。农民举行罢工，藏匿粮食，甚至杀死自己的牲畜，以免它们落入政府手中。

农民们得到的回应是饥饿和死亡。后面跨页图中的集体农庄位于乌克兰的基辅附近。乌克兰的肥沃小麦田曾被誉为苏联的“粮仓”，然而 1932—1933 年的集体化把乌克兰变成了饥荒地区。宣传工作者怒斥所谓的富农，即由叛国的、有资本主义思想的农民组成的阶级。粮食供应被大幅削减，甚至完全停止，政府开始将大批农民遣送到劳改营。在“乌克兰大饥荒”中，据说有数百万乌克兰人死亡。

“兴登堡”号灾难

德国飞艇LZ129“兴登堡”号运载36名乘客和61名机组人员，耗时三天飞越大西洋，于1937年5月6日晚在美国新泽西州莱克赫斯特海军航空站准备降落，比预计抵达时间晚了几个小时。数十名记者和摄影师在等待见证这艘飞艇（现代工程技术的一大杰作，尽管它的尾部画有纳粹的万字）顺利降落。

然而，他们惊恐地目睹了“兴登堡”号被火焰吞没，令人毛骨悚然地向后倾斜，然后坠地。飞艇上的人为了躲避火焰和浓烟，纷纷从高空跳下。这艘设施豪华的庞大飞艇在不到一分钟的时间里被彻底烧毁，导致13名乘客和22名机组人员死亡。

这不是飞艇时代的唯一灾难。四年前，美国的“阿克伦”号飞艇在飞越大西洋途中遭遇猛烈风暴，在空中解体。然而，“兴登堡”号灾难是第一起被美国全国媒体详细报道的空难。用氢气或氦气提供浮力的大型飞艇的声誉在几秒钟之内便灰飞烟灭。

此次空难再加上客机的崛起，导致商业化飞艇飞行的时代迅速落幕，但美国继续制造军用飞艇。人们越来越清楚地认识到，在阴云密布的未来十年里，他们需要各种类型的飞行器。

女士们先生们，这是一次恐怖的空难。浓烟滚滚，现在是熊熊大火；飞艇坠落到地面……哦，可怜的人们！

——赫伯特·莫里森，西屋广播公司直播报道记者，1937年5月6日

“我们时代的和平”

1938 年 9 月 30 日，米德塞克斯郡的海斯顿机场，英国首相内维尔·张伯伦走下飞机，等候的人群欢呼雀跃。他刚刚结束了在慕尼黑与阿道夫·希特勒等人的四方会谈。德国元首强行吞并奥地利、武装进入莱茵兰和威胁入侵捷克斯洛伐克的举动震撼了欧洲。如果要抵制希特勒的野心，就可能在欧洲引发战争，于是张伯伦选择绥靖政策，默许希特勒的要求。《慕尼黑协定》许可德国吞并苏台德，这是捷克斯洛伐克的一个边境地区，那里生活着大量德裔居民。

“捷克斯洛伐克问题的解决……依鄙人所见，只是更广泛的协议的序曲，全欧洲将会得到和平……”张伯伦在海斯顿对围观者说。他随后拿出一张纸，上面写着他与希特勒关于避免英德之间发生战争的协议。回到唐宁街 10 号之后，张伯伦宣布他已经促成了“我们时代的和平”。

张伯伦大错特错。希特勒暂时还不想与英国交战，但他对欧洲和平几乎完全没有兴趣。六个月后的 1939 年 3 月 15 日，德军入侵了捷克斯洛伐克的剩余部分。1939 年 4 月和 5 月，希特勒先后与斯大林的苏联和墨索里尼的意大利签订互不侵犯条约。9 月，希特勒入侵波兰。张伯伦的绥靖政策以失败告终。希特勒的野心昭然若揭。

第二次世界大战即将开始。

我不在乎会不会发生世界大战……我宁愿冒险打一场世界大战，也不愿让这种局面继续拖下去。

——阿道夫·希特勒，1938 年 9 月

1940年代

毁灭与救赎

……如果大英帝国及英联邦能够延续一千年，人们也会说：
“这是他们最光辉的时刻。”

——温斯顿·丘吉尔的演讲，1940 年 6 月 18 日

“敌人很快就会向我们大举进攻。”1940 年 6 月 18 日，刚刚被任命为首相的温斯顿·丘吉尔在伦敦的下议院发表演说，如此评估欧洲黑暗的军事形势。法国已经沦陷，被阿道夫·希特勒的德国战争机器打得落花流水。丘吉尔相信，英国就是德国的下一个目标。他说，现在自由世界的命运取决于英国的抵抗。如果希特勒取得更多进展，那么文明的西方将会“陷入新的黑暗时代的深渊。被扭曲和滥用的科学的光芒会让这个黑暗时代更加歹毒，或许还更加漫长”。

和往常一样，丘吉尔在运用自己无与伦比的演讲才华，传达一条或许有些夸张但本质上很真实的信息。欧洲正在熊熊燃烧，并且大火在蔓延。第二次世界大战已经开始，比前一次世界大战更加激烈和残酷。

第二次世界大战的起因有很多：德国对 1914—1918 年世界大战之后不公正的和平仍然满腹怨恨；大萧条的灾难性影响；法西斯政党在欧洲的崛起，尤其是纳粹党在德国的兴起，它代表了阿道夫·希特勒本人的病态心理。

对抗希特勒的欧洲战争一直蔓延到北非和中东，又与遏制日本侵略的太平洋战争纠缠在一起。1941 年日本战机轰炸夏威夷珍珠港之后，美国投身欧洲和太平洋这两个战场。英美和苏联的进攻使得欧洲战争于 1945 年 5 月结束，而东方的战争在美国用原子弹攻击日本城市广岛与长崎之后结束。

第二次世界大战一共造成超过 5000 万人死亡。这场冲突塑造了全球政治及文化态度，影响持续至今。战争结束后，另一场令人胆寒的冲突开始了：一系列代理人战争和苏联与美国领导下的东西方之间的核军备竞赛。这就是冷战。

丘吉尔在 1940 年 6 月向下议院发表了上面的讲话。三周之后，第二次世界大战期间最著名的一场战役开始了，即不列颠空战。这是历史上第一场完全在空中进行的战役。自第一

1940 年

5 月 德军入侵法国，绕过马奇诺防线，6 月中旬占领巴黎。

5 月 敦刻尔克大撤退开始，33.8 万名官兵（绝大部分是英国人）从法国海岸撤离，躲过德军的攻击。

7 月 不列颠空战开始，英国皇家空军与德国空军争夺制空权。

1941 年

6 月 德国入侵它曾经的盟国苏联。这次军事行动的代号是“巴巴罗萨行动”。

12 月 日本轰炸夏威夷珍珠港的美国海军基地，促使美国加入反法西斯同盟，参加第二次世界大战。

1942 年

6 月 中途岛海战在太平洋爆发，日本海军遭受致命打击。

8 月 瓜达尔卡纳尔岛战役开始：盟军试图将日军逐出所罗门群岛。

10 月 /11 月 在埃及的第二次阿拉曼战役中，英军打败埃尔温·隆美尔领导下的德国和意大利军队。

1943 年

1 月 经过残酷的冬季围城战，在斯大林格勒的德军向红军投降。

4 月 华沙隔离区内被困的犹太人发动华沙隔离区起义。

7 月 在库尔斯克，德军与红军之间爆发历史上最大规模的坦克战。

1944 年

6 月 盟军于 6 月 6 日向诺曼底海滩发动大规模登陆作战。

10 月 莱特湾海战期间，日军开始发动神风特攻自杀式攻击。

次世界大战以来，飞机技术已经取得长足进步。一连三个半月，德国空军在赫尔曼·戈林领导下试图消灭英国的空中自卫能力，从而让德军从海上入侵英国（代号“海狮行动”）。

英国皇家空军的目标是生存下去。到这年夏末，他们已经达成了此目标。在这期间，他们用来保卫英国的主要机型是霍克公司的飓风战斗机和超级马林公司的喷火单座战斗机。

丘吉尔的这张照片（第344页）是1940年7月31日拍摄的，此时不列颠空战激战正酣。他正在视察英格兰东北部达勒姆郡滨海城镇哈特尔浦的防务，有人给了他一支汤普森冲锋枪。这张照片很快成为丘吉尔最有名的形象之一。这位顽强好斗、衣着光鲜、叼着雪茄的英国首相看上去既像是帝国的斗士，又像禁酒时期芝加哥的黑社会匪徒。这张照片的拍摄者是《泰晤士报》的专业摄影师W. G. 霍顿上尉，他在战争期间以英国陆军军官的身份被正式委派到丘吉尔身边。

在整个战争期间，丘吉尔非常敏锐地理解到，他需要让英国人民看见他、听见他。他在议会发表的激动人心的演讲被录制下来，向全国人民广播。陆军部确保霍顿拍摄到大量丘吉尔在平民百姓当中行走的影片。人们往往正在承受艰难困苦，尤其是在1940年夏末，不列颠空战演化为所谓的“伦敦大轰炸”，即德军集中力量在夜间对伦敦和英国其他港口城市的民用目标发动恐怖轰炸。

在第二次世界大战之前的岁月，丘吉尔（布尔战争的老兵）经常显得与时代格格不入：他是19世纪帝国主义的遗留物，他的习惯与态度完全不适合新世界，甚至让新世界憎恶。然而，在反抗法西斯主义的斗争（这是历史上最接近真正的正义与邪恶之战的斗争）中，他如鱼得水。至少从这个角度看，他算得上现代史上的伟人。

1945年

1月 纳粹党卫军领导人海因里希·希姆莱下令疏散集中营。纳粹政权在集中营里杀害了数百万犹太人和其他意识形态层面的敌人。

4月 墨索里尼被意大利游击队杀死。希特勒自杀。盟军于5月初在欧洲宣布胜利。

8月 美国先后向日本投掷两枚原子弹，摧毁广岛与长崎的大部分，迫使日本投降。

1946年

3月 温斯顿·丘吉尔在一次演讲中描述冷战，说一道“铁幕”已经在欧洲降下。

10月 纽伦堡审判结束，多名纳粹高级领导人被处以绞刑或监禁。

12月 第一次印度支那战争爆发，法国殖民政府军队与北越领导人胡志明领导下的越南独立同盟会发生冲突。

1947年

3月 美国总统哈里·S. 杜鲁门宣布“杜鲁门主义”，这是美国向受所谓的“共产主义威胁”的民主国家提供援助的基础。

8月 印度被分割，建立独立的印度和巴基斯坦自治领，导致大范围的人口流动和暴力冲突。

1948年

4月 马歇尔计划生效，美国提供数十亿美元的贷款和援助，帮助欧洲重建。

5月 戴维·本-古里安宣布以色列为独立的犹太国家，导致新生的以色列国与阿拉伯邻国之间爆发战争。

6月 柏林空运开始，西方盟国向被孤立在苏联控制区内的西柏林运送粮食、燃料和其他给养。

1949年

7月 南非禁止跨种族婚姻，种族隔离的体制开始运作。

8月 苏联试验了它的第一枚原子弹。

10月 共产党领袖毛泽东宣布建立中华人民共和国。

德国人民！你们的士兵在短短六周之内……结束了战争……他们的业绩将作为最光荣的胜利永载史册。

——德国宣传海报，1940 年 6 月

闪电战

1939 年 9 月希特勒入侵波兰之后，英法对德宣战。随后是长达六个月的“假战争”，各方都在调兵遣将。尽管希特勒对敌人十分轻蔑，说“他们是虫子”，但德军的兵力不如盟军。

此外，法国拥有固若金汤的防御。一系列混凝土工事、前哨阵地和壁垒组成了马奇诺防线，从阿尔卑斯山脚一直延伸到阿登森林，保护着法国的东部边境。

然而在 1940 年春季，德国发动进攻，马奇诺防线未能发挥作用。希特勒先是派遣军队占领挪威，然后在 5 月 10 日至 27 日通过欧洲西北部向法国发动进攻。德国的闪电战战术包括运用快速机动的装甲部队和摩托化步兵在斯图卡俯冲轰炸机的支援下发动进攻。德军绕过法国的防御工事，征服了比利时、荷兰和卢森堡，快速将英法军队向大西洋海岸驱赶。6 月 10 日，意大利法西斯领袖贝尼托·墨索里尼也向法国宣战。四天后，巴黎投降。

右边这张照片表现的是手持手枪与火焰喷射器的德军士兵在 1940 年攻击马奇诺防线。第一次世界大战中那种残酷的堑壕战没有重演，取而代之的是同样恐怖的东西：冷酷无情的军事机器凶悍地发动的闪电战。

D94

我们必须非常小心，不要以为这次得救就是胜利了。

——温斯顿·丘吉尔，1940年6月4日

敦刻尔克大撤退

1940年春季，德军只差一点就能将奉命到法国－比利时边境与法军并肩作战的英国远征军消灭殆尽。数十万盟军官兵撤往海岸，于5月底被困在敦刻尔克附近的海滩上。英国匆忙开始努力将40多万人的英法和比利时军队撤往英国。

这次救援行动的代号是“发电机行动”。英国海军中将伯特伦·拉姆齐在多佛城堡坐镇指挥。在英国皇家空军的掩护下，约900艘大小船只，从驱逐舰到民用救生艇，奉命穿过海峡，趁着敦刻尔克的防线还在坚持，救出尽可能多的官兵。

海滩上的条件极其凶险，官兵排成队在沙丘之中苦等了将近一周，德国空军的飞机不断用机枪扫射他们。拉姆齐原指望顶多能救出4.5万人。然而在5月26日至6月4日之间，他们救出了33.8万人。

前面这张照片发表在小报《每日见闻报》1940年6月3日那一期的头版，背景里有一艘典型的救援船只。英国皇家海军驱逐舰“白厅”号上标注着舷号D94。它虽然被德军火力击伤，仍然四次穿越海峡，救出了将近3000人。在这场战争余下的时间里，“白厅”号在北海巡逻，消灭了许多德国潜艇。

伦敦大轰炸

在1940年夏季的不列颠空战中，德军未能消灭英国皇家空军。丘吉尔坚决拒绝与纳粹妥协。希特勒不敢从海上入侵英国，于是改用空袭的手段。德军轰炸的目标包括伦敦、英国南海岸和西海岸城镇，以及远至赫尔、利物浦和格拉斯哥等城市的民用与工业设施。

1940年秋冬，伦敦连续57个夜晚遭到空袭，1.8万吨炸弹被投到伦敦。老城区和工人阶级的伦敦东区的很大一部分化为浓烟滚滚的废墟。为了躲避空袭，很多儿童被疏散到乡村。伦敦大轰炸期间摆拍的这张照片（右页）突出了空袭给儿童造成的苦难。尽管伦敦市民大量使用在花园内挖掘的防空洞（安德森掩体），并将地下室甚至还有伦敦地铁改建为临时防空洞，空袭还是造成了大量伤亡：有超过4万平民死亡，将近100万栋房屋被燃烧弹和高爆弹摧毁。

防空警报的哀鸣和高射炮向德国轰炸机射击的断断续续轰鸣声构成了一直延续到1941年5月的夜曲。到那时，希特勒已经对在英国本土直接打败英国不抱希望也不感兴趣，而是将注意力转向其他地方：东欧的崭新的、更加残酷的战线。

我们遭到轰炸，这让我很高兴。我能心中无愧地面对伦敦东区了。

——伊丽莎白王后，乔治六世国王的妻子，在伦敦大轰炸期间白金汉宫遭到炸弹直接命中之后所说

SATURDAY, MARCH

华沙：犹太人的城市，被包围、被封锁的城市……就在我眼前，如同雪一般融化了。

——教师和诗人伊扎克·卡茨奈尔森，
他参加了华沙犹太人隔离区起义

华沙隔离区

德军于1939年秋季入侵波兰之后，首都华沙很快落入纳粹魔爪。这对华沙的大量犹太居民来说是一场灾难。

纳粹在波兰的总督先是强迫犹太人佩戴白色袖章来表明自己的身份并冻结犹太人的银行账户，然后将犹太人从郊区和乡村集中到华沙市中心。3米高的围墙把华沙犹太人隔离区环绕起来，隔离区面积仅3.4平方公里，却容纳了40万人。生活条件极其恶劣，每人每天的口粮供应仅有150大卡，这是能饿死人的水平。斑疹伤寒恣意肆虐。1942年，德国人开始将犹太人押上火车，送往东方的特雷布林卡，在那里用枪决和毒气等手段杀害他们。

右边这张照片是1943年华沙犹太人隔离区起义期间拍摄的。4月19日，用汽油弹和手枪武装起来的起义军袭击了奉命前来围捕犹太人并将之送往特雷布林卡的纳粹军队。起义持续了将近四周，直到5月隔离区被火攻和炸药彻底摧毁，最后一批隔离区居民被枪杀或遣送。照片中举起双手的儿童的身份至今不详。双手持枪的士兵名为约瑟夫·布勒舍，他是纳粹党卫军臭名昭著的成员之一，在华沙杀害了数百犹太人。

布勒舍的照片被用在臭名远扬的“施特鲁普报告”中。这是于尔根·施特鲁普将军撰写的关于华沙犹太人隔离区起义的报告。施特鲁普于1951年因为战争罪被处以绞刑。

北非之战

在希特勒的军队横扫欧洲的同时，北非沙漠成了第二战场。墨索里尼的意大利军队于1940年年末从利比亚殖民地出发，入侵英国的保护国埃及，很快被打得惨败。绰号“沙漠之狐”、令人生畏的埃尔温·隆美尔将军指挥的德国非洲军团前来支援意大利军队。

北非之战从1940年6月一直打到1943年初夏，地理范围从东面的埃及和利比亚延伸到西面的摩洛哥。尽管在这里发挥主导作用的是英国军队，但来自英法殖民帝国和其他地区的许多民族也参加了北非的激烈战事。左边这张照片表现的是自由法国外籍军团的三名成员，他们参加了1942年初夏利比亚绿洲比尔哈克姆周边的战斗。他们分别来自塞内加尔、马达加斯加和法属赤道非洲。

1942年10月至11月，伯纳德·蒙哥马利将军在第二次阿拉曼战役中取得戏剧性的、振奋人心的胜利，隆美尔成功的沙漠作战宣告结束。北非的战斗还会持续六个月，直到轴心国军队于1943年5月在突尼斯被打败和歼灭。盟军乘胜追击，攻入意大利。在此期间，日军轰炸了珍珠港，美国参战，希特勒入侵了苏联。北非只是越来越失控的全球冲突中的一个很小部分。

首相给我们的任务是消灭北非的轴心国军队……我们一定会胜利！

——伯纳德·蒙哥马利中将，1942年

如果要在欧洲获得新的土地和领土，我们只能主要考虑俄国。

——阿道夫·希特勒，《我的奋斗》（1925 年）

东线

第二次世界大战初期的苏联占领了大片土地。1939 年至 1941 年，约瑟夫·斯大林的军队攻入了波兰东部、拉脱维亚、立陶宛、爱沙尼亚和罗马尼亚。1939 年至 1940 年的冬季战争中，苏联攻打了芬兰。右边这张照片表现的是一名苏联步兵在 1940 年前后参加演习。

苏联在二战初期的一系列对外扩张是在与希特勒的互不侵犯条约保护下进行的。但在 1941 年 6 月 22 日，元首背弃与苏联的条约，发动了“巴巴罗萨行动”。德军兵分三路，入侵苏联。德军的装甲部队担当先锋，在北方直奔列宁格勒，在中路杀向明斯克和基辅，在南方进军敖德萨。

苏联红军在三个月里损失了约 500 万人，但苏联拥有庞大的人口，能够承受这样的人力损失。这一点，再加上斯大林坚持要求从将军往下的每一位官兵死战到底（否则会被当作叛徒处决），意味着尽管苏联红军在“巴巴罗萨行动”期间在自己的国境内被打退了数百公里，莫斯科仍岿然不动。

苏联的严冬降临后，德军的闪电战止步不前。希特勒期望的速战速决没有实现。在东线的过度野心让希特勒同他之前的拿破仑·波拿巴一样，深陷泥潭不能自拔，并最终毁灭。

斯大林格勒战役

1942年夏季，希特勒向苏联发动新的攻势。作为朝高加索山脉油田推进的行动的一部分，德军第6集团军向东南方进攻，企图占领伏尔加河畔的工业城市斯大林格勒。作为回应，斯大林派遣他麾下最优秀的将领格奥尔吉·朱可夫元帅（在亚历山大·华西列夫斯基将军的协助下）去拯救这座城市。

11月19日，苏联红军同时发动“火星行动”和“天王星行动”，在莫斯科附近牵制了大批德军，在斯大林格勒周边则围困了约25万德军，切断了他们与其他德军和轴心国军队之间的联系。1942年冬至1943年年初，斯大林格勒包围圈内的德军大批冻死、饿死或死于疫病。纳粹企图用空军向包围圈内的部队空投给养，为其解围，但失败了。

1943年1月10日，朱可夫发动攻势，在炮火掩护下越过斯大林格勒周边天寒地冻的乡村正面进攻德军，然后在已经化为瓦砾堆的城市里进行激烈巷战。左边照片中这些手持PPSh-41什帕金冲锋枪（绰号“爸爸”，因为俄语中的PPSh有此意）的红军士兵正在参加“指环行动”。此次行动迫使包围圈内的德军屈服。

令希特勒震怒的是，第6集团军总司令弗里德里希·保卢斯于1943年1月31日投降。德军在斯大林格勒战役及相关作战中有80万人伤亡，9万人被俘。朱可夫的损失更大，但他保住了斯大林格勒，给德军带来了一次可耻的失败，并扭转了整个战局。

此次胜利意味着，我们的祖国经受住了历史上最严峻的考验之一。

——亚历山大·华西列夫斯基将军，

在斯大林格勒保卫战之后

敌人被激怒了，一定很快会发动坚决的反击。

——日本海军将领山本五十六，1942 年

珍珠港事件

“珍珠港遭到空袭。不是演习。”驻扎在夏威夷珍珠港内的美国军人收到了这条言简意赅但令人胆寒的警报。如前面的跨页照片所示，珍珠港出人意料地遭到了毁灭性打击。这一天是 1941 年 12 月 7 日，日本帝国海军航空队超过 350 架战斗机和轰炸机的引擎发出的尖叫响彻天空。

到上午 10 点空袭结束时，日军摧毁或击伤了十几艘美军舰船和 360 架飞机。美军有 2403 人死亡，1178 人负伤。在太平洋的其他地方，差不多同一时间，日军还袭击了菲律宾和关岛的美军基地、马来亚和香港的英军目标，以及泰国。美国总统富兰克林·D. 罗斯福向全国发表讲话，描述珍珠港事件为“永远臭名昭著的一天”。这一天的确改变了历史进程。美国在这之前的两年时间里保持中立（不过在此期间向同盟国提供了金钱和物资），但在 12 月 8 日向日本宣战。12 日，德国向美国宣战。

美国转入战时状态，用它庞大的工业产能为盟国的事业服务。珍珠港远没摧毁美国的军事力量，只是激怒了一个危险而强大的敌人。

瓜达尔卡纳尔岛战役

1942 年上半年，日军在太平洋进展神速，入侵了新加坡、新几内亚、所罗门群岛和缅甸，并轰炸了远至澳大利亚达尔文的地方。然而，在 1942 年 6 月 4 日至 7 日规模浩大的中途岛海战中落败之后，日军开始自乱阵脚。他们的战线拉得过长，而他们的敌人——美国、英国、苏联和中国，已经重整旗鼓。

反攻于 8 月开始，盟军以美国海军陆战队为先锋，攻入所罗门群岛的瓜达尔卡纳尔岛。他们的目标是阻止日军在后来被称为亨德森机场的地方建立战略性的空军基地。8 月 6 日至 7 日夜间，美军趁夜色在瓜达尔卡纳尔岛和附近的佛罗里达群岛登陆，打得日军措手不及。不过，美军也做不到速战速决。随后发生的是一场残酷的陆海空混合作战，很大一部分战斗发生在茂密的热带雨林里。直到 1943 年 2 月，日军才从瓜达尔卡纳尔岛撤退。

右边这张照片表现的是美国陆军的步兵（他们于 1942 年 12 月接替海军陆战队）在一条河里洗澡。拍摄者是美国《生活》杂志（1936 年创刊）派往瓜达尔卡纳尔岛的一个小组，包括二十五岁的拉尔夫·摩斯。在湿热的雨林里，摩斯和同事们为了保持胶卷和笔记本的干燥，将它们存放于他们前往战区途中在军事基地中购买的安全套里。

热带雨林是一面由植被组成的坚实的墙，足有 100 英尺 [30 米] 高……

——《生活》杂志，谈瓜岛战役，1942—1943 年

必沈
やまもと
791

神风特攻队

瓜达尔卡纳尔岛战役标志着太平洋战区日军和盟军之间的力量平衡开始发生稳步的变化。在1943年11月的开罗峰会上，美国总统罗斯福、英国首相丘吉尔和中国领导人蒋介石发表联合声明，宣布要“坚持艰苦、漫长的作战，最终迫使日本无条件投降”。

1944年10月，菲律宾外海发生了莱特湾海战，盟军打赢了这场大规模海战。它经常被认为是历史上最大规模的海战。在此期间，日军首次使用了一种新的危险策略：神风特攻。“神风”的名字很有诗意，但其实指的是自杀式爆炸攻击。日军飞行员驾驶满载炸药的飞机撞向敌舰，自己虽然必死无疑，但有很大的可能性给敌舰造成严重破坏。狂热分子自杀式攻击的成功率比普通的炸弹袭击高得多。将近4000名神风特攻队员在战争末期的这个短暂阶段死亡。

左边照片中这架飞机尾部喷涂的标语是句严峻的警示，意为“为了山本，必沉”。这句话表达的不是简单的忠诚，而是复仇。1943年4月18日，日本海军联合舰队司令长官山本五十六乘坐的飞机在飞过新几内亚以东的布干维尔岛上空时被美国战斗机击落，山本五十六身死。

在南方大海/寻找敌舰/径直俯冲。

——神风特攻队员藤田文六下士在执行任务前夜写下的俳句，1945年3月25日

历史的大潮已经逆转！全世界的自由人民正在一起走向胜利！

——美国将领德怀特·D.艾森豪威尔，1944年6月6日

诺曼底登陆

到1943年年末，战局已经决定性地转为对盟军有利。这年11月至12月在新近被盟军占领的伊朗首都德黑兰举行的一次会议上，盟国领导人同意，在法国开辟第二战场的时机已经成熟。

1944年6月6日，由运兵船和战舰组成的庞大舰队逼近下诺曼底的五处海滩，盟军给它们取的代号分别是“犹他”“奥马哈”“黄金”“朱诺”和“宝剑”。在猛烈空袭的掩护下，132000名官兵从登陆艇上潮涌般冲向海滩。尽管他们遇到了顽强抵抗，但盟军之前已经做过复杂的欺敌工作，诱骗敌人相信盟军将在挪威或加来海峡登陆，所以希特勒把自己的主力部队集结在了错误的地点。

后面这张跨页照片表现的是美军第4步兵师、第327机降步兵团、第101空降师的部分士兵在6月6日前往犹他海滩的情景。机降步兵接受的训练是乘坐无动力、一次性使用的轻型滑翔机在敌后降落，但因为诺曼底登陆日之前的集结过程中缺少牵引飞机，这些机降步兵不得不乘坐登陆艇上岸。

参加6月6日诺曼底登陆的官兵有将近10%的人在当天的战斗中伤亡，但盟军的战略目标顺利达成：占领海滩、建立桥头堡阵地，为收复西北欧奠定基础。

LCT-B

解放

1945 年春季，布痕瓦尔德集中营的囚徒用他们秘密制作的短波无线电台发出了一条摩斯密码的信息。“致巴顿将军的部队。这里是布痕瓦尔德集中营。紧急求救。我们需要帮助。他们要把我们撤走。党卫军要消灭我们。”

自 1937 年以来，布痕瓦尔德集中营接收了将近 25 万名“囚徒”，他们都是根据纳粹的凶残意识形态政策被选出来受死的，其中有犹太人、苏联战俘、同性恋者、耶和华见证人教派的信徒、斯拉夫人、残疾人和精神疾病患者。有超过 5 万人在布痕瓦尔德死亡：被绞死、被枪杀、饿死、劳累致死，或者被当作残酷的医学实验的小白鼠。现在，纳粹国家土崩瓦解，党卫军将囚徒驱赶到德国内陆，进行“死亡行军”，其目的部分是掩盖自己的罪行，部分是为了保留奴隶劳工。

右边这张照片不能完全体现美军士兵在 1945 年 4 月 11 日解放布痕瓦尔德集中营时目睹的恐怖景象。成千上万的囚徒挤在小得可怜的铺位上，形销骨立，营养不良，患有各种疾病。（照片中的囚徒之一是十六岁的埃利 · 维瑟尔。）死尸像柴火一样被堆积起来。美军士兵感到憎恶和愤怒，于是强迫附近魏玛城的居民来参观集中营。很多居民亲眼看到这无可辩驳的恐怖景象，体验到这种恶臭和邪恶，因无法忍受而昏厥。

纳粹的意识形态谋杀一共夺去了 1500 万至 2000 万人的生命，包括 600 万犹太人。这种对犹太人的种族灭绝被称为“犹太人大屠杀”（Holocaust）或“浩劫”（Shoah）。

从镜子的深处，一具死尸正在凝视我。

——埃利 · 维瑟尔的大屠杀回忆录，英文版题为《夜》（1956 年）

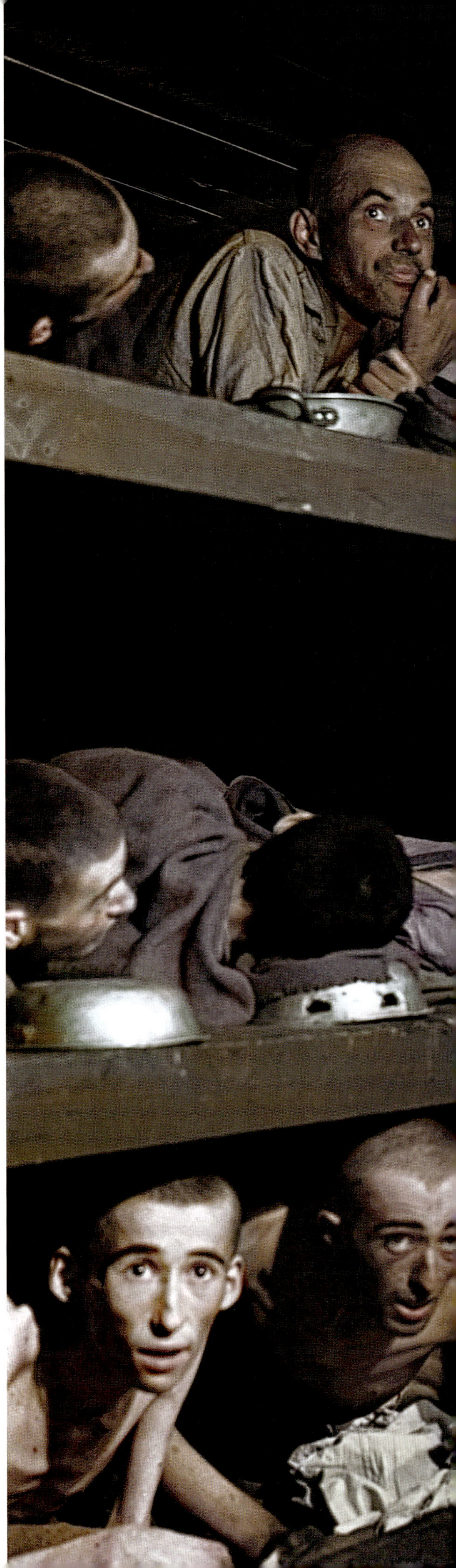

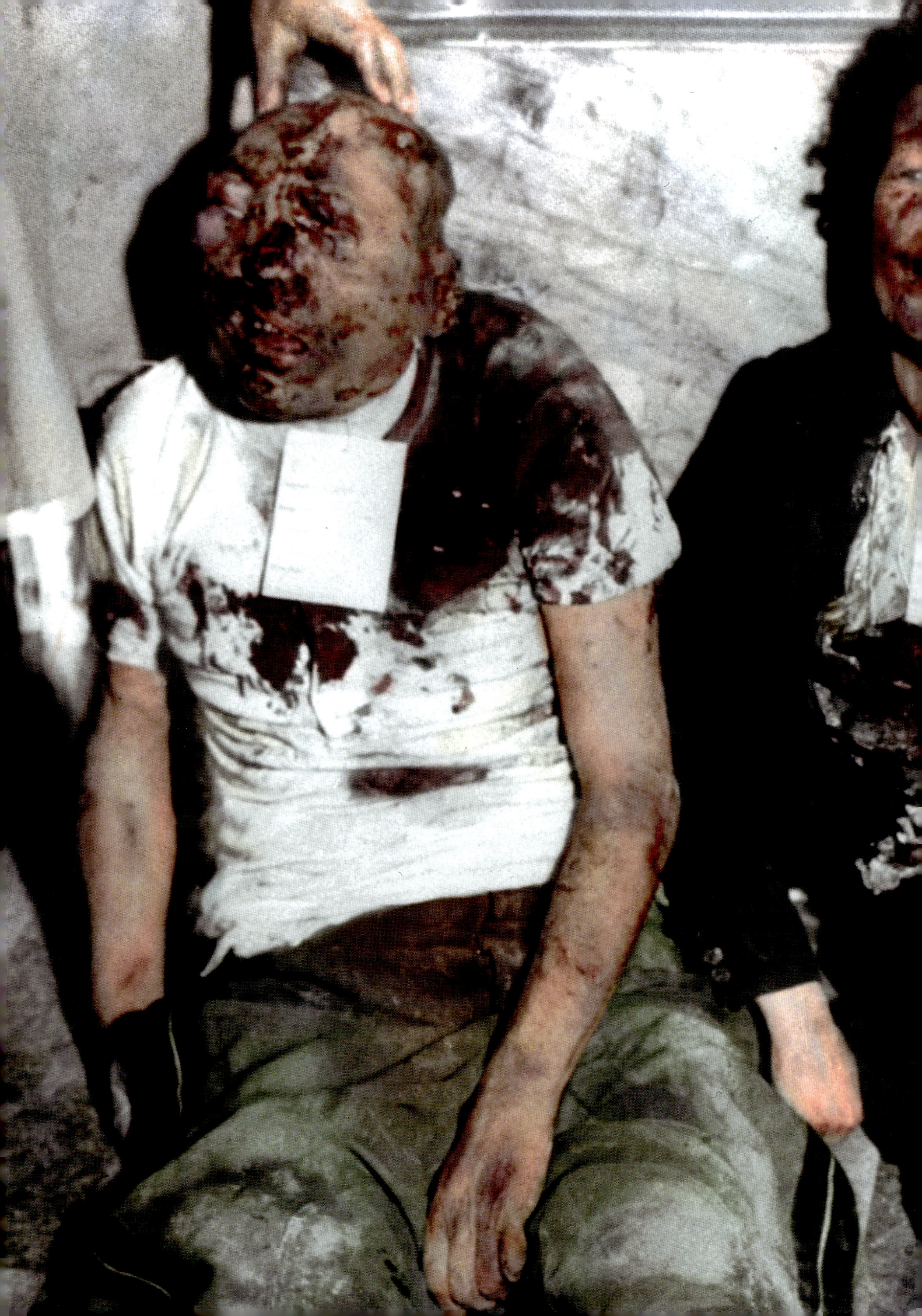

把法西斯意大利带入战争的那个人，如今在米兰市中心一片肮脏的土地上，脑浆飞溅。

——《纽约每日新闻》，1945 年 4 月 30 日

墨索里尼之死

盟军在北非取胜之后，于 1943 年夏季攻入西西里，然后在亚平宁半岛从南向北进攻，于 1944 年 6 月 4 日（也就是诺曼底登陆的两天前）占领罗马。意大利的法西斯独裁者、自封“领袖”的贝尼托·墨索里尼，虽然自 1922 年就掌权，但在西西里失陷后被罢免和囚禁。

1943 年年末，他被关押在亚平宁山脉的一处滑雪胜地。纳粹伞兵发动突袭，营救了他。但墨索里尼再也没有办法统治整个意大利，因为此时的意大利已经倒戈。根据希特勒的命令，墨索里尼被扶植为意大利北部的一个新国家（即所谓的意大利社会共和国）的傀儡领导人。

1945 年，纳粹节节败退，德国再也无力支撑墨索里尼。4 月末，他逃离位于米兰的基地。反法西斯的游击队对他穷追不舍，并发布命令，要求惩罚极右翼领导人的罪行。4 月 27 日，墨索里尼和他的情妇克拉雷塔·佩塔奇在科莫湖附近的公路上被游击队抓获。次日下午，他俩被枪决，尸体被带到米兰，遭到人们的羞辱。人们将两具尸体挂在一家加油站外的肉钩子上，对其拳打脚踢。

波茨坦会议

墨索里尼死亡两天后，阿道夫·希特勒和他的妻子爱娃·布劳恩在柏林自杀。柏林于5月2日向斯大林的红军投降。5月7日和8日（欧战胜利日），阿尔弗雷德·约德尔将军和威廉·凯特尔元帅签署了无条件投降书。他们得到了希特勒的继承者、德国海军司令卡尔·邓尼茨的批准。欧洲战争结束了。

1945年7月17日，盟国在柏林郊外波茨坦的采齐莉宫（Cecilienhof Palace）召开会议。这是“三巨头”（苏联、美国和英国领导人）在战时的第三次会议。右边照片中是最初聚集到波茨坦的领导人，包括温斯顿·丘吉尔（工党领袖克莱门特·艾德礼陪在他身边）、新任美国总统哈里·S.杜鲁门（罗斯福于1945年4月去世）和约瑟夫·斯大林。

波茨坦会议的主要议题是重建欧洲，管制和处置德国的政治与经济，审判仍然在世的纳粹领导人，以及结束对日战争。英国、美国和中国发表联合声明，要求日本无条件投降，否则要对日本加以“彻底毁灭”。在这方面，杜鲁门语带神秘地谈到美国结束太平洋战争的计划，说要使用一种强大的新武器。他没有说出新武器的名字，但在波茨坦会议于8月2日结束几天之后，他说的新武器就为世人所知了。

我们发明了世界历史上最恐怖的炸弹。

——杜鲁门总统在波茨坦会议期间的私人笔记

我们今天看到了广岛，或者说广岛的残余部分。我们瞠目结舌……我们中的大多数人抑制不住眼泪。

——伯纳德·霍夫曼给《生活》杂志编辑的文字记录，1945 年 9 月

广岛和长崎

战争期间，美国科学家在新墨西哥州的一处秘密基地展开了“曼哈顿计划”，研发出两种类型的原子弹。杜鲁门总统主张在敌人身上试验这两种武器。日本在战争末期拒不投降，给了他试验原子弹的机会。

1945 年春季，日本的十几座城市，包括东京，已经被盟军的燃烧弹炸得面目全非。8 月 6 日，一架名叫“艾诺拉·盖伊”的 B-29“超级堡垒”轰炸机向广岛投掷了一枚威力远远超过之前任何武器的炸弹。这枚 4 吨重的铀弹，代号为“小男孩”，在早晨的交通高峰期间爆炸，抹平了 12 平方公里的市区。从最初的爆炸到这年末尾，共有 12 万人死亡。前面的这张照片是《生活》杂志的伯纳德·霍夫曼在 1945 年 9 月拍摄的，表现的是这座曾经熙熙攘攘的城市如今只剩下瓦砾堆。

然而，日本人仍然不肯投降。杜鲁门下令发动第二次核打击。8 月 9 日，另一架 B-29 轰炸机“博克斯卡”号向长崎投掷了代号为“胖子”的钚弹，导致 4 万人死亡。因为害怕遭到更多核打击，再加上苏联红军正在用常规武器相威胁，日本天皇终于同意投降。8 月 15 日，天皇裕仁有生以来首次通过无线电向全国民众讲话。“如仍继续作战，”他说，“则不仅会导致我民族之灭亡，还将破坏人类之文明。”

对日作战胜利日

1945 年 8 月 14 日傍晚，摄影师阿尔弗雷德·艾森施泰特在曼哈顿街头行走，穿过熙熙攘攘的人群。日本投降的消息刚刚从世界的另一边（也是国际日期变更线的另一边）传到纽约，全市欢呼雀跃。在时代广场，艾森施泰特看见一名水兵在街上快速奔跑，“拥抱眼前的每一个姑娘”。艾森施泰特跑到水兵的前面，看见他正在拥抱一位身穿白衣的护士。艾森施泰特掏出照相机，四次按下快门。

一周后，四张照片中质量最好的那张被《生活》杂志发表。“在纽约时代广场，一名热情奔放的水兵径直亲吻一位身穿白衣的姑娘，她紧紧攥着自己的背包和裙子。”照片的说明文字是这样写的。这张照片很快成为美国历史上最家喻户晓也最具标志性的照片之一，不过亲吻的两人的身份始终没有搞清楚。

艾森施泰特的照片完美地记录了对日作战胜利日的气氛。为《每日邮报》写作的记者唐·伊顿通过电报向伦敦描绘了欢欣鼓舞的纽约的景象：“港口内的轮船鸣响汽笛，人们在街头载歌载舞……时代广场成为欢庆的中心，这是纽约城历史上规模最大、最狂野、最喧闹的人群……有些军人放纵地用左轮手枪对空射击、燃放鞭炮和亲吻尖叫的姑娘们，把市民们吓了一跳。”

自珍珠港事件以来我们一直在等待的那一天终于到了。法西斯主义终于死了，我们一直知道它必死无疑。

——杜鲁门总统在日本投降之后如此表示

BOND

午夜钟声敲响之际，世界还在酣睡的时候，印度将会获得新生和自由。

——贾瓦哈拉尔·尼赫鲁在印度独立之际的话，

1947 年 8 月 14 日

印巴分治

英国取得了第二次世界大战的胜利，但它在远东的领地遭到了严重破坏，并且它的殖民地为了帮助母国打败轴心国付出了沉重代价，所以大英帝国没有办法再维持下去，随时都可能瓦解。

帝国的解体从印度开始。印度的独立运动已经风起云涌几十年了。英国在 1942 年承诺授予印度自治权。战争结束之后，事情再也不能拖延下去了。问题是如何实现有条不紊的权力交接，因为印度有着深刻的宗教矛盾，尤其是在印度教徒、穆斯林和锡克教徒之间。

英国的最后一任印度副王蒙巴顿勋爵路易斯、印度国大党领袖贾瓦哈拉尔·尼赫鲁和穆斯林领袖穆罕默德·阿里·真纳同意的解决方案是分治。1947 年 8 月 14 日至 15 日，印度西北部的一大块领土和东北部的一块较小领土被从印度分割出去，建立巴基斯坦自治领，后来改称巴基斯坦伊斯兰共和国。

印巴分治的用意是良好的，然而却酿成大祸，导致灾难性的动荡和流血冲突。由于分治的计划执行得过于仓促，1500 万人（包括左页照片中的锡克家庭）突然间成了少数民族，被困在所谓的“拉德克利夫线”这一侧或那一侧。为了躲避强奸、谋杀、“种族清洗”、暴乱和对城镇的大规模摧毁，他们不得不背井离乡。分治的本意是避免内战，但很快造成了血腥和恐怖的混乱。

柏林空运

战争结束后，德国也被分割。德国因东西两面的夹击而战败，随后被分成四个占领区，分别由苏联、美国、英国和法国监管。

德国首都柏林位于苏联控制的东部占领区之内，与英国占领区相隔160公里。不过，柏林的特殊地位意味着它也被四个战胜国分割。西柏林在西方盟国的控制下，实际上成了苏联控制区内的孤岛。

到1948年时，局势已经很清楚，西方和苏联之间的紧张气氛即将成为下一阶段全球政治对立（即冷战）的基础。为了迫使西方盟国的势力离开柏林并尽可能扩张苏联在德国境内的占领区，斯大林下令对西柏林的公路、铁路和航空线实施几乎全面的封锁。

作为回应，盟国用运输机向西柏林运输物资。（右边这张照片表现的是柏林市民在滕珀尔霍夫机场观看一架美国C-47运输机降落。）空运原本只是短期的解决方案，最终却从1948年6月26日一直延续到次年9月。来自美国、加拿大、英国、法国、南非、澳大利亚和新西兰空军的飞机向被孤立的城市运输了数十万吨关键的物资和补给。最后，苏联做出让步。然而，柏林的问题还远远没有解决，冷战才刚刚开始。

从波罗的海的什切青到亚得里亚海的的里雅斯特，一道铁幕已经在欧洲大陆降下。

——温斯顿·丘吉尔，

在密苏里州富尔顿的讲话，1946年3月5日

犹太人和阿拉伯人之间的仇恨与日俱增……

——罗伯特·肯尼迪从巴勒斯坦发回的报告，

《波士顿邮报》，1948 年 6 月 5 日

第一次中东战争

在第二次世界大战之后被分割的土地还有英国的巴勒斯坦托管地。1947 年，联合国（国际联盟的后继组织）批准了将巴勒斯坦分割成三块的方案。计划分别建立犹太国家和阿拉伯国家，而耶路撒冷和伯利恒周边地区将接受国际共管。

此次分割和其他的很多分割一样，造成了悲惨而凶险的结局。犹太复国主义领袖戴维·本－古里安于 1948 年 5 月宣布以色列独立之后，来自埃及、约旦、叙利亚、黎巴嫩和伊拉克的阿拉伯军队，以及来自沙特阿拉伯和也门的少量部队，入侵了巴勒斯坦。左页照片中的士兵属于阿拉伯军团，即受英国训练（和指挥）的约旦军队。

战争开始时阿拉伯人拥有兵力优势，但捷克斯洛伐克秘密为以色列提供武器和补给，于是以色列得以快速扩张自己的军力和领土。1949 年停战协定签字时，以色列已经控制了原定用来建立犹太国家和阿拉伯国家的几乎全部土地。只有约旦河西岸、通往耶路撒冷且包括耶路撒冷在内的一大块土地（即“西岸地区”）和加沙周围的一小片沿海地带（“加沙地带”）处于埃及和约旦的控制之下。数十万巴勒斯坦阿拉伯平民被从自己的家园驱逐，很多人至今仍流离失所。

以色列赢得了伟大的“独立战争”。阿拉伯人则把他们的失败和随后发生的人口离散称为“纳克巴”（Nakba），即“灾难”。

1950年代

风云变幻

有的人用脚敲击，有的人打响指，有的人前后摇摆身体。

我只是把这些结合起来……

——埃尔维斯·普雷斯利在采访中如此说，1956 年君主制的时代渐行渐远，而世界如饥似渴地期待一种新型君主。1935年出生于密西西比州图珀洛的美国摇滚明星埃尔维斯·亚伦·普雷斯利（猫王）就是这样的君主。他注定要在自己不长的演艺生涯中赢得此前和之后很少有艺人能够企及的全球性声誉。

埃尔维斯出身贫家，自幼孤独、笃信宗教且依赖母亲。他在丰富而触及灵魂的美国南方（当时处于种族隔离状态）音乐——福音音乐、蓝调、爵士乐、灵魂乐和乡村音乐——当中找到了慰藉与愉悦。1948年，他的父亲（劳工和小偷小摸的罪犯）把家搬到田纳西州孟菲斯，埃尔维斯此后一直生活在那里。在孟菲斯，他学会了演奏钢琴和吉他，参加歌唱比赛，开始梦想成为灌制唱片的艺人。

1953年，十八岁的埃尔维斯在孟菲斯的音乐制作人山姆·菲利普斯的监督下开始录制样本唱片。次年夏天，菲利普斯的太阳唱片公司向当地音乐电台发布了埃尔维斯的两首歌。这年年底，埃尔维斯已经在美国各地巡演。他的“乡村摇滚乐嗓音”在孟菲斯和其他地方一炮走红，而他性感的台风尤其对年轻女性有着强大的影响力：他在表演时的扭臀动作引起粉丝的疯狂回应。这是年纪较大、思想保守的美国人特别关注的一个风化问题。

1955年夏天，埃尔维斯与出生于荷兰的音乐经理人安德雷亚斯·科内利斯·范·库艾克（更有名的名字是汤姆·帕克上校）签订了经纪合同。帕克咄咄逼人且贪婪成性，决心从埃尔维斯的合同里最大限度地榨取关注、名望和财富。他俩是一对令人生畏的搭档。从1956年起，埃尔维斯创作出似乎无穷无尽（并且利润极其丰厚）的超级流行歌曲，包括《伤心旅馆》《猎犬》和《监狱摇滚》等经典曲目。他与好莱坞的制片公司签订多部电影的合同，出演《铁血柔情》（1956年）等电影。出演电影，并且出现在当时新兴的大众传媒形式——电视上，使得埃尔维斯誉满全球。他在第一次录制唱片的四年后就成为全世界最著名也最有争议的音乐人。

然后，在1958年，他停止了演出。义务

1950年

1月 杜鲁门总统下令研发氢弹，激发了冷战期间的一轮核军备竞赛。

6月 朝鲜战争爆发。冲突一直持续到1953年的停战，使朝鲜半岛分裂加剧。

1951年

4月《巴黎条约》建立欧洲煤钢共同体，即欧共体和欧盟的前身。

5月《十七条协议》签署，西藏和平解放，西藏是中国不可分割的一部分。

10月 温斯顿·丘吉尔下野六年后再次当选英国首相。

1952年

2月 乔治六世国王驾崩，伊丽莎白二世成为英国女王和英联邦领导人。

10月 肯尼亚发生反对英国殖民统治的茅茅起义。英国在肯尼亚宣布进入紧急状态。

1953年

1月 北海洪灾给英国和荷兰造成严重破坏。

3月 约瑟夫·斯大林在一天夜间大量饮酒后去世。1956年，尼基塔·赫鲁晓夫取代他成为苏联领导人。

8月 埃尔维斯·普雷斯利在田纳西州孟菲斯的太阳唱片公司录音棚录制他的第一批歌曲。

1954年

4月 日内瓦会议结束，法属印度支那国家独立，越南被分为南北两个地区，以北纬17度线为界。

6月 危地马拉发生军事政变。美国中央情报局支持和资助政变，推翻哈科沃·阿本斯·古斯曼总统，扶植了一个军事独裁政府。

11月 阿尔及利亚民族解放阵线宣布发起斗争，争取从法国统治下独立。

兵役制自1940年起在美国成为法律，一直延续到1973年。埃尔维斯必须服兵役。1958年，在媒体的疯狂关注之下，他正式加入美国陆军第3装甲师，驻扎在西德的弗里德贝格。他的两年兵役期过得相当舒适：他住在酒店而不是兵营里，晚上享受着诸多年轻女性爱慕者的陪伴，包括当时十四岁的普丽西拉·比利。他于1967年与比利结婚。

第386页这张照片是在埃尔维斯服兵役的末期拍摄的，那时他已经晋升为中士。从他军礼服上的徽章看，他已获得多种武器，包括手枪和卡宾枪的“专家”和“精确射手”资格。他于1960年3月5日退役，返回美国，可以再次自由地表演了。他继续创作出大量精彩曲目，无愧于“摇滚之王”的绰号。然而，他在演艺生涯的后期健康状况不佳且吸毒成瘾，于1977年8月16日在优雅园（他位于孟菲斯的宫殿般的豪宅）的浴室内因心脏病发作而去世。

埃尔维斯在处于演艺事业巅峰的时候被征召入伍并驻防到德国，这能体现20世纪50年代的若干重要趋势。新一代的年轻人对战前时代的虔诚心态毫无尊重。对他们来讲，埃尔维斯是银幕明星和扭腰送臀的性魅力符号。他的经历也非常清楚地体现了正在纠缠世界的新与旧之间的冲突。在被占领的德国，他处于冷战的最前沿。冷战是吞噬一切的斗争，新的超级大国美国和苏联在虎视眈眈地对峙。

在20世纪50年代，冷战其实已经演化为热战，比如朝鲜战争和发生在拉丁美洲与加勒比地区的一些冲突。一方面是导致成千上万人死亡的政变和代理人战争，另一方面是核试验和航天竞赛。美苏双方都进行了疑神疑鬼的“猎巫”和清洗。

与此同时，“老”的帝国往往以痛苦的方式瓦解，这个过程在全世界的每一片大陆都引发了混乱的政治重组和野蛮冲突。在这样的背景下，技术日新月异，消费文化十分繁荣。电视、电台和报纸生意兴隆，创造了玛丽莲·梦露和埃尔维斯·普雷斯利那样的明星，他们给经历了几十年黑暗的世界带来了色彩。

1955年

5月《华沙条约》宣布将协调苏联与其卫星国的防务。

9月 阿根廷总统胡安·庇隆被军事政变推翻。

12月 非洲裔美国人罗莎·帕克斯拒绝为白人乘客让座，亚拉巴马州蒙哥马利市抵制公共汽车事件开始。

1956年

6月 剧作家阿瑟·米勒因为被怀疑与共产党有联系，被传唤到众议院非美活动委员会面前。他于八天后迎娶玛丽莲·梦露。

7月 埃及总统纳赛尔将苏伊士运河收归国有，引发苏伊士运河危机。

11月 苏联动用坦克镇压了匈牙利革命。

12月 在南非，纳尔逊·曼德拉和数十名反对种族隔离的政治活动家被指控犯有叛国罪。

1957年

3月《罗马条约》建立欧洲经济共同体，以促进成员国之间的经济一体化。

10月“医生爸爸”弗朗索瓦·杜瓦利埃就任海地总统。

10月 苏联成功发射第一颗人造卫星“斯普特尼克1号”。

1958年

3月 埃尔维斯·普雷斯利接受征召，加入美国陆军，被送到西德的弗里德贝格服役。

1959年

1月 富尔亨西奥·巴蒂斯塔总统逃离古巴，革命者菲德尔和劳尔·卡斯特罗与切·格瓦拉控制了古巴。

1月 法国前抵抗运动领导人戴高乐成为法兰西第五共和国总统。

朝鲜战争

在中国以东，一场更残酷的冲突正在酝酿。朝鲜半岛爆发了冷战时期第一场大规模战争。

1910年明成皇后遇刺不久日本统治了朝鲜，在盟军于二战中取得胜利之后，日本人被赶了出去。苏联红军协助解放了整个朝鲜，但后来美国军队占领了半岛南部。到1948年，朝鲜半岛被两个政府统治，以北纬38度线为界。双方各自得到一个超级大国的支持。

1950年6月25日，朝鲜战争爆发。9月15日，以美军为主的“联合国军”在仁川登陆。10月25日，中国人民志愿军应朝鲜请求赴朝作战。左边这张照片就是在浦项战役期间拍摄的。

1951年夏，北纬38度线附近的战事进入僵持状态，整个半岛成为空袭、海军炮轰、喷气式战斗机袭击、步兵厮杀和游击战的场所。颇有争议的美军将领道格拉斯·麦克阿瑟四处游说，主张对朝鲜和中国发动核打击。朝鲜战争造成了大量人口死亡：约100万军人和250万平民丧生。1953年，各方在板门店达成停战协定，但在20世纪余下的时间里，朝鲜半岛上北纬38度线的非军事区仍然是世界上气氛最紧张的国界之一。

如果我们在亚洲输给共产主义，那么欧洲的命运将会受到严重威胁。

——道格拉斯·麦克阿瑟将军，演讲，1950年8月23日

我不是解放者。根本没有解放者。人民自己解放自己。

——埃内斯托·切·格瓦拉，1958年

菲德尔和切·格瓦拉

20世纪50年代，共产主义的“幽灵”来到了距离美国海岸线只有300公里的地方。后面跨页照片中的两人，菲德尔·卡斯特罗和埃内斯托·切·格瓦拉，领导了一场反对古巴独裁者富尔亨西奥·巴蒂斯塔总统的革命。

卡斯特罗（生于1926年）曾是律师，后成为革命者，于1952年和弟弟劳尔组建了一支准军事武装，与巴蒂斯塔领导下的得到美国支持的威权主义警察国家做斗争。兄弟俩因在1953年7月26日袭击政府军的兵营而入狱，但在1955年的大赦期间被释放，之后继续斗争。

这一年，在墨西哥城，他们结识了阿根廷医科学生格瓦拉。格瓦拉的反资本主义思想因他亲身体验过美国对南美洲国家的干涉而更加坚定。格瓦拉和卡斯特罗兄弟来到古巴，以山区为基地，一起建立了一支规模虽小却意志坚定的游击队。他们的游击战经常打败古巴政府军。巴蒂斯塔于1959年1月逃离古巴，卡斯特罗兄弟和格瓦拉取得胜利。

菲德尔起初否认自己领导的是一场共产主义革命，但在美国支持的猪湾事件（反革命武装入侵古巴）之后，从1961年起，古巴与苏联结盟。1962年，古巴成为“古巴导弹危机”的焦点，险些引发核战争。

格瓦拉热衷革命，于1965年离开古巴，先去刚果，后去玻利维亚展开革命，他在玻利维亚被俘虏和枪杀。菲德尔领导古巴一直到2008年。

危地马拉政变

切·格瓦拉的政治教育的一个重要部分是在危地马拉进行的。他于1953—1954年来到该国，当时危地马拉气氛紧张，美国中央情报局正在煽动政变。

1951年，哈科沃·阿本斯·古斯曼当选危地马拉总统。他开启了一系列改革，没收全部没有用于工农业的土地，将其分配给贫苦农民。这引起了美国人的震惊，他们害怕共产主义来到美洲。古斯曼的改革还威胁到了在政治上颇具影响力的跨国企业“联合果品公司”的利益，因为该公司的大量土地被古斯曼政府没收。于是“联合果品公司”呼吁美国政府干预。1954年，中央情报局训练的一支部队发动政变，推翻阿本斯·古斯曼，扶植卡洛斯·卡斯蒂略·阿马斯为独裁者。

中央情报局用猛烈的宣传攻势和心理战来支持阿马斯政府。在右边这张照片中，支持阿马斯的战士玛丽亚·特立尼达·克鲁斯跪在一座墓前。根据美国的新闻报道，这是她丈夫的墓。美联社报道称，克鲁斯的丈夫因为“与赤色分子做斗争”而被古斯曼政府处决。

危地马拉政变造成了深远的长期影响。它让原本就不稳定的危地马拉政治局势进一步恶化，引发了从1960年一直打到20世纪90年代的危地马拉内战。在整个拉丁美洲，它增强了人们的反美情绪。美国在20世纪还干涉过委内瑞拉、尼加拉瓜、巴拿马、墨西哥和海地。危地马拉政变是不受欢迎的美帝国主义的又一个例证。

我们唯一的罪行就是颁布了我们的法律并严格执行、无一例外……

——哈科沃·阿本斯·古斯曼，无线电广播，1954年6月19日

杜瓦利埃不怕子弹，也不怕机枪。它们伤不了我……

——“医生爸爸”弗朗索瓦·杜瓦利埃的演讲，

1963 年 4 月 30 日

杜瓦利埃家族

左页是弗朗索瓦·杜瓦利埃与妻子西蒙妮·杜瓦利埃（娘家姓奥维德）的照片。弗朗索瓦·杜瓦利埃生于 1907 年，在 1915—1934 年美国占领海地期间长大。他是科班出身的医生（他的病人给他取的外号是“医生爸爸”，这个外号流传了下来），但在政坛成名。他在美国赞助的消灭细菌性感染疾病热带肉芽肿的行动中成为公众人物，1949 年担任海地卫生部部长。在“好爸爸”保罗·马格卢瓦尔的军事独裁统治期间，杜瓦利埃暂时脱离政界，后于 1957 年当选总统。

杜瓦利埃既懂得医学伦理，也熟悉海地的超自然信仰“巫毒”。在海地，黑人权益长期遭到践踏，而他是黑人民族主义的重要鼓吹者。然而，他和西蒙妮（“医生妈妈”）的十四年统治是不折不扣的血腥暴政。杜瓦利埃运用私人民兵武装“麻袋叔叔”来迫害他的政敌，不管是真实存在的还是他臆想的敌人。“麻袋叔叔”得名自克里奥尔人民间传说中一个吃小孩的怪物。这支武装力量将秘密警察的恐怖策略以及可怕的、具有仪式色彩的酷刑结合起来。

杜瓦利埃虽然性格怪诞且残暴，却喜欢在外国媒体上摆姿态。美国总统约翰·F. 肯尼迪于 1963 年遇刺身亡后，杜瓦利埃自称用巫毒诅咒了肯尼迪。次年，杜瓦利埃明目张胆地操纵投票，自立为终身总统。他于 1971 年死于心脏病，他的儿子让 - 克洛德·杜瓦利埃（外号“婴儿医生”）成为新总统。

玛丽莲·梦露

1956年6月21日，在结婚大喜之日的八天前，演员玛丽莲·梦露（原名诺玛·简·莫泰森）在自己位于纽约的家门外向记者讲话。

对梦露来说，与记者对话不是新鲜事。此时的她已经是美国最著名的女演员，她的演艺生涯虽短暂却轰动全国。她参演了《七年之痒》（1955年）等流行电影，拍摄了很多衣着清凉、性感迷人的杂志照片，还在肯尼迪总统四十五岁生日的派对上妩媚撩人地演唱《生日歌》。就连她的死亡也是重磅新闻：1962年8月，她因过量服用巴比妥类药物而身亡，尸体全裸，俯卧在床上，年仅三十六岁。

不过，这一次她谈的是一场惊动全国的政治事件。梦露的未婚夫是剧作家阿瑟·米勒（她之前的两任丈夫分别是一位名叫詹姆斯·多尔蒂的商船水手和传奇棒球明星乔·迪马乔），而米勒这一天将要在众议院非美活动委员会做证。非美活动委员会是一个以国会为基础的委员会，负责调查与共产主义有联系的公民。

非美活动委员会是广泛的试图铲除“国内敌人”的“麦卡锡主义”政治运动的一部分，得名自擅长煽动的参议员约瑟夫·麦卡锡。他坚信颠覆分子和叛徒已经渗透到美国政府、军队和娱乐业之中。被非美活动委员会判定有罪的人可能会被罚款、投入监狱、没收护照或上“黑名单”，即被禁止从事自己的职业。

米勒在非美活动委员会面前拒绝做证，遭到罚款，上了黑名单，但他和梦露按计划结婚了。后来他们于1961年离婚。

在我眼里，她是一种旋转的光……有时候坚韧不拔，有时候又有一种抒情的、诗意的敏感……

——阿瑟·米勒在1987年的自传里回忆玛丽莲·梦露

伊丽莎白二世

伊丽莎白二世和玛丽莲·梦露一样出生于1926年，但注定要在公共关注之下度过比梦露长得多的时间。1952年2月6日，英国国王乔治六世驾崩，他的女儿伊丽莎白二世成为英国及多个附属国的女王。

右边这张照片是在约十个半月后的12月25日拍摄的，当时女王正在诺福克郡的桑德林厄姆庄园通过无线电广播做她的第一次圣诞节讲话。英国君主每年圣诞节向全国民众讲话的传统是她的祖父乔治五世在二十年前开创的。六十五年后的2017年，女王仍然在圣诞节向民众讲话，不过现在是通过电视。那时她已经成为英国历史上在位时间最长的君主。

伊丽莎白二世在位期间，英国与它曾经的殖民地之间的关系逐渐变得松散，英格兰与苏格兰、威尔士和北爱尔兰之间也发生了部分的权力下放。本书写作的时候，已经先后有十三位首相为她效力，从温斯顿·丘吉尔到特雷莎·梅（为女王服务的首相现在又多了鲍里斯·约翰逊——编者注）。

她与爱丁堡公爵菲利普亲王的漫长婚姻创造了一个王室大家庭。王室有时也会成为动荡和丑闻的来源，尤其是她的长子和继承人查尔斯与他的妻子戴安娜·斯宾塞麻烦重重的婚姻。戴安娜王妃于1997年死于车祸。不过总的来讲，伊丽莎白二世统治的主要特点是：女王本人对国家矢志不渝，并且英国君主制仍然颇得民心，这在世界其他地方的君主制处于低潮的背景下尤其难得。

愿上帝赐予我智慧与力量……让我忠实地侍奉他并为你们服务，直到我的生命结束。

——伊丽莎白二世女王，无线电广播，1952年12月25日

我从没见过一个大国这样搞得一团糟……

——德怀特·D. 艾森豪威尔，1956 年 10 月

苏伊士运河危机

两次世界大战的严峻考验让英国丧失了超级大国的地位。伊丽莎白二世在位早期，英国的国际地位大幅衰落的状态在一场争夺苏伊士运河的战争中彻底暴露出来。

1956 年 7 月，埃及的民族主义领导人贾迈勒·阿卜杜勒·纳赛尔总统单方面宣布将苏伊士运河国有化，促使新生的国家以色列于 10 月 29 日入侵西奈半岛，因为埃及禁止以色列使用运河。冲突很快升级。英国和法国施加干预，发动空袭，希望迫使纳赛尔重新开放运河。11 月 5 日，英国和法国伞兵已经在塞得港郊外战斗。（左边这张照片表现的是英军蛙人在搜索敌人藏在运河河水中的武器。）

然而，英法的侵略行为是搬起石头砸自己的脚。国际社会从四面八方向以色列和英法施压。支持埃及并为其提供武器装备的尼基塔·赫鲁晓夫威胁要向西欧发动核打击。美国总统德怀特·D. 艾森豪威尔不能容忍英法在这个时间点入侵埃及，因为他正在强烈谴责苏联对匈牙利的入侵。于是，艾森豪威尔威胁要对英国经济施加沉重打击。11 月 21 日，联合国维和部队抵达埃及。两天后，英法灰溜溜地撤军。英国首相安东尼·艾登爵士以健康状况不佳为由辞职。苏伊士运河危机凸显了老牌帝国主义国家已经衰落到了何种地步。

北海洪灾

1953年，另一个水域也发生了悲剧。北海的猛烈风暴导致荷兰、比利时和英国发生洪灾。猛烈的潮水和恶劣的天气导致海平面在1月31日至2月1日的周末升高了5.6米。海水冲过防波堤，冲垮堤坝，给数千公顷土地和数万户人家造成严重破坏。

右侧，意大利摄影记者马里奥·德·比亚西拍摄的这张照片表现的是荷兰的若干牲畜被淹死，据估计荷兰有3万头牲畜死于此次洪灾。人员损失也很惨重：超过2500人丧生（包括在北爱尔兰外海北海海峡沉没的“维多利亚公主”号汽车轮渡上的133名乘客和船员）。死亡人数最多的国家是荷兰，因为该国土地的70%高于海平面还不到1米。1953年洪灾在荷兰被称为Watersnoodramp（洪灾）。

为了防止这样的洪灾重演，北海两岸的国家开展了大规模的公共工程。荷兰人营造了“三角洲工程”，这是一整套水闸、堤坝和防洪工事，旨在控制荷兰沿海诸多河流的河水流动。英国政府最终建造了泰晤士河防洪闸来保护伦敦、预防洪灾，并在赫尔河与亨伯河的汇流处建造了第二道防御体系。

数百年来他们一直与大海斗争，如今遭受了最严重的失败之一。

——下议院议员克莱门特·艾德礼谈北海洪灾受害者，1953年2月19日

为了向世界展示我们对自由与真理的追求，匈牙利人民已经流了够多的鲜血。

——纳吉·伊姆雷政府的最后宣言，1956 年 11 月 4 日

匈牙利革命

在苏伊士运河危机撼动地中海东部和西方盟国的同时，匈牙利爆发公开反抗。自第二次世界大战结束以来，匈牙利就被莫斯科远程控制。苏联军队和秘密警察（“国家保卫局”，AVH）掌控着这个国家。

1953 年斯大林去世后，匈牙利人期望能有更自由的未来。1956 年 10 月，在社会骚乱和人民攻击政府暴政的象征物的背景下，进步领袖纳吉·伊姆雷成为总理。但纳吉在 11 月 1 日宣布匈牙利将脱离苏联领导的共同防御体系（华约组织）后，赫鲁晓夫无情地采取行动。三天后，坦克隆隆驶入布达佩斯，大炮轰鸣，飞机轰炸。尽管人们奋起反抗（见左边马里奥·德·比亚西拍摄的这张照片里的年轻人），苏军粉碎了他们的抗议，约 3000 人在这次事件中死亡，其中很大一部分是平民。

新领导人卡达尔·亚诺什在苏联的支持下掌权。纳吉在 1958 年遭到秘密审判，被判犯有叛国罪，最后被处以绞刑。成千上万的匈牙利人也被逮捕和囚禁，更多人逃离匈牙利，到外国寻求政治庇护。匈牙利起义被镇压了，“铁幕”苏联那一侧的其他国家都得到了严正警告。

新的联盟 ▶

欧洲帝国争雄的时代结束了，但通过大型跨国联盟来维护和平的理念在第二次世界大战之后找到了新的表达方式。除了 1945 年建立的联合国（目标是仲裁全球争端），其他一系列重要的经济与防御条约也在 20 世纪 50 年代诞生，它们最终都是沿着冷战的路线运行的。

后面这张跨页照片的拍摄时间是 1957 年 11 月 18 日，是曼努埃尔·利特朗为法国杂志《巴黎竞赛画报》拍摄的。照片表现的是卢森堡的一次招待会，讲话者是欧洲煤钢共同体（ECSC）的高级官员勒内·迈尔。这个组织的创始成员国是比利时、法国、意大利、卢森堡、荷兰和西德，宗旨是协调工业产出，减少经济冲突，从而防止军事冲突。欧洲煤钢共同体是欧洲经济共同体（欧共体，1957 年建立）和欧洲联盟（欧盟，1993 年建立）的蓝图和前身，把越来越多的国家团结在日渐紧密的经济与政治同盟当中。

在铁幕的另一侧，苏联组建了自己的联盟。从 1949 年到 1991 年苏联解体，经济互助委员会（COMECON）将苏联势力范围，即东欧和其他一些共产主义国家联合起来。

除了这些经济互助组织之外，20 世纪 50 年代还出现了两大对立的军事联盟：1949 年建立、美国领导的“北大西洋公约组织”（北约），以及 1955 年建立、苏联领导的“华沙条约组织”（华约）。

阿尔及利亚战争

在欧洲一体化得到推进的同时，海外掀起了去殖民化浪潮。旧世界的大国被从曾经是它们的殖民帝国基石的地区驱赶出去。最激烈的去殖民化斗争之一发生在1954—1962年的阿尔及利亚。法国军队和阿尔及利亚民族解放阵线（FLN）之间爆发了凶残的战争，导致法兰西第四共和国垮台，阿尔及利亚获得自由，并在地中海两岸制造了很多长期性问题。

法国自1830年至1848年征服阿尔及利亚以来就一直统治着这个国家。尽管在第二次世界大战期间法国曾承诺授予其自治权，但战争结束后，法国就食言了。1954年11月1日，阿尔及利亚民族解放阵线宣布要开始争取独立的斗争。游击战开始了，法国最终一共投入了50万人的军队。

法国的社会党总理居伊·摩勒和其他法国领导人（包括老将和政治家戴高乐，他于1958—1969年领导新的第五共和国）面临的最严峻挑战之一是，如何平衡在阿尔及利亚定居的法国人与支持阿尔及利亚解放的人的利益。右边这张照片是弗朗索瓦·帕日为《巴黎竞赛画报》拍摄的，表现的是1956年2月7日阿尔及尔的暴乱：定居在阿尔及利亚的法国人（被称为“黑脚”）走上街头，抗议政府的殖民政策。

戴高乐遭到极右翼准军事组织的多次刺杀，每次都得以幸存。他坚决主张赋予阿尔及利亚民族自决权。1962年的阿尔及利亚全民公决以绝对多数票批准独立，于是将近90万法国定居者逃离阿尔及利亚。

这是一个美妙的国家，无与伦比的泉水给它带来鲜花与光明，人们却在这里受苦……

——阿尔贝·加缪，

出生于阿尔及利亚的法国哲学家与小说家，1958年

上帝说这是我们的土地，我们的民族要在这片土地上繁荣昌盛……

——乔莫·肯雅塔，演讲，1952 年 7 月

茅茅起义

当法国在阿尔及利亚作战时，肯尼亚也发生了反对英国殖民统治的起义，主角是一个激进的民族主义联盟，主要成员属于基库尤民族。

英国在东非的殖民统治从 19 世纪 90 年代攫取土地开始，对当地居民进行了十分残酷的剥削和压迫。肯尼亚肥沃的高地分割成若干块，被授予白人定居者；而非洲人被剥夺土地，遭到虐待，不得不用劳动换取很低的薪水。

1952 年，一个叫作“茅茅”（这个名字的起源不详）的秘密社团开始攻击白人的农场，屠杀白人定居者，还杀死被他们认为敌视他们事业的非洲人。茅茅的暴力活动有时极其残暴，英国军队的回应则迅捷、严厉，且往往残酷无情。左边这张照片是 1954 年在兰加塔集中营拍摄的。这是英国设立的诸多集中营之一，数十万被怀疑是茅茅成员的基库尤人被囚禁在集中营。政治洗脑、殴打、强奸、焚烧和阉割是英国人在这里犯下的司空见惯的罪行。

英国镇压茅茅的残暴手段意味着到 1956 年起义已经基本上被踏平，但很多嫌疑人仍然被囚禁了好几年，包括学者和政治活动家乔莫·肯雅塔，他被指控为茅茅起义的领导人。直到 1963—1964 年，肯尼亚才终于获得解放，成为独立国家，肯雅塔是首任总统。2013 年，英国政府同意向茅茅起义期间遭受折磨的幸存者支付数百万英镑的赔偿金。

纳尔逊·曼德拉

南非于1910年获得独立，并根据1931年的《威斯敏斯特法令》获得完全的自由，不再受英国立法机关的监管（加拿大、澳大利亚和新西兰也根据该法案获得独立）。然而，南非并不是一个自由的国家。20世纪40年代末和50年代初，被阿非利卡人主宰的南非国民党通过了一系列种族主义立法，设立种族隔离制度，大幅度限制非白人的南非公民的权利。公共场所施行种族隔离，跨种族的性关系和婚姻被禁止，大量人口被强制迁移到种族隔离的居民区。

反对种族隔离制度的斗争漫长而艰辛。这场斗争的最著名英雄是来自说科萨语的泰姆布族名门世家的律师和政治活动家纳尔逊·曼德拉。在左页这张照片里，年轻的曼德拉穿着传统服装。从20世纪40年代起，曼德拉是反对种族隔离制度的非洲人国民大会党的成员。

1956年12月，曼德拉和数十名著名的反种族隔离活动家在约翰内斯堡被捕，并被指控犯有叛国罪。庭审持续四年多才做出判决。1961年3月，曼德拉和其他被告被宣布无罪。

然而，曼德拉的苦难还没有结束。1962年他再次被捕，这一次的罪名是蓄意破坏，他被判处终身监禁。他在罗本岛等多座监狱服刑二十七年，1990年才获释。在随后四年里，种族隔离制度被废止。1994年，曼德拉在多种族的候选人参加的大选中当选南非总统。他任职到1999年，于2013年去世。到那时他已经成为传奇式的世界名人。

我憎恨任何形式的种族歧视。我毕生与它斗争……会斗争到我的最后一息。

——纳尔逊·曼德拉，法庭陈述，1962年

核武器竞赛

冷战的内在危险在于，双方都拥有能够消灭全人类的核武器。苏联在今天哈萨克斯坦境内的塞米巴拉金斯克成功试验了它的第一枚原子弹（代号“第一闪电”）。核武器竞赛开始了，不久之后英国、法国和中国也加入进来。

后面这张跨页照片表现的是代号“比基尼的海伦”的水下内爆式钚弹的爆炸情景。这是“十字路口行动”的所谓“贝克”试验，于1946年7月25日在马歇尔群岛的比基尼环礁进行。西太平洋的这些偏僻岛屿成为整个20世纪50年代美国最喜欢的核试验场所。随着破坏性和污染性越来越强的核武器在这里爆炸，比基尼环礁的土著居民被永久性地迁走。

在20世纪50年代，美国测试了它的最早一批氢弹，包括“布拉沃城堡”（1954年）。它的威力出人意料的强大，爆炸当量达到1500万吨，大致相当于第二次世界大战期间将广岛抹平的“小男孩”原子弹的1000倍。1961年，苏联后来居上，在北极圈引爆了一枚5000万吨当量的氢弹“沙皇炸弹”。它产生的蘑菇云的高度达到珠穆朗玛峰的七倍，震碎了数百公里之外的窗户玻璃。

1962年古巴导弹危机期间，核战争险些打响。美国总统约翰·F. 肯尼迪和苏联领导人尼基塔·赫鲁晓夫通过谈判和妥协解除了此次危机。

地球是蓝色的。多么美妙。太神奇了。

——尤里·加加林在轨道飞行期间的话，

1961 年 4 月 12 日

太空竞赛

冷战时期两个超级大国竞争的最后一个宏大场所是太空。双方都研发出了能够投放核弹头的火箭，也都认识到，同样的技术经过改造，可以实现外太空的载人飞行。

右边这张照片现存于美国国会图书馆，表现的是一名苏联宇航员，时间为 1959 年 11 月。这个时期，苏联正在选拔人员进行载人航天飞行，即“东方计划”。在此之前的 1957 年，苏联成功发射了第一颗无人卫星“斯普特尼克 1 号”，同年发射了“斯普特尼克 2 号”（携带了一条名叫莱卡的狗）。1961 年 4 月 12 日，“东方”计划取得成功，尤里·加加林成为第一个进入太空的人，他进行了长达 1 小时 48 分钟的轨道飞行。

美国的第一个太空计划是“水星计划”，1959 年开始在美国国家航空航天局（NASA）的领导下运作。它落后于苏联的航天计划，直到 1962 年才将第一名航天员（约翰·格伦，后成为美国参议员）送上太空。但从那之后，美苏竞争的局势开始逆转：美国于 1969 年 7 月 20 日至 21 日取得最伟大的胜利，在“阿波罗十一号”的飞行中将尼尔·阿姆斯特朗和巴兹·奥尔德林送上了月球。

从 1969 年到 1972 年“阿波罗计划”结束，共有 12 人登月。后来，登月不再是太空竞赛中的优先项目，而且载人登月的费用过于高昂，所以在那之后再没有过人类登月的行动。

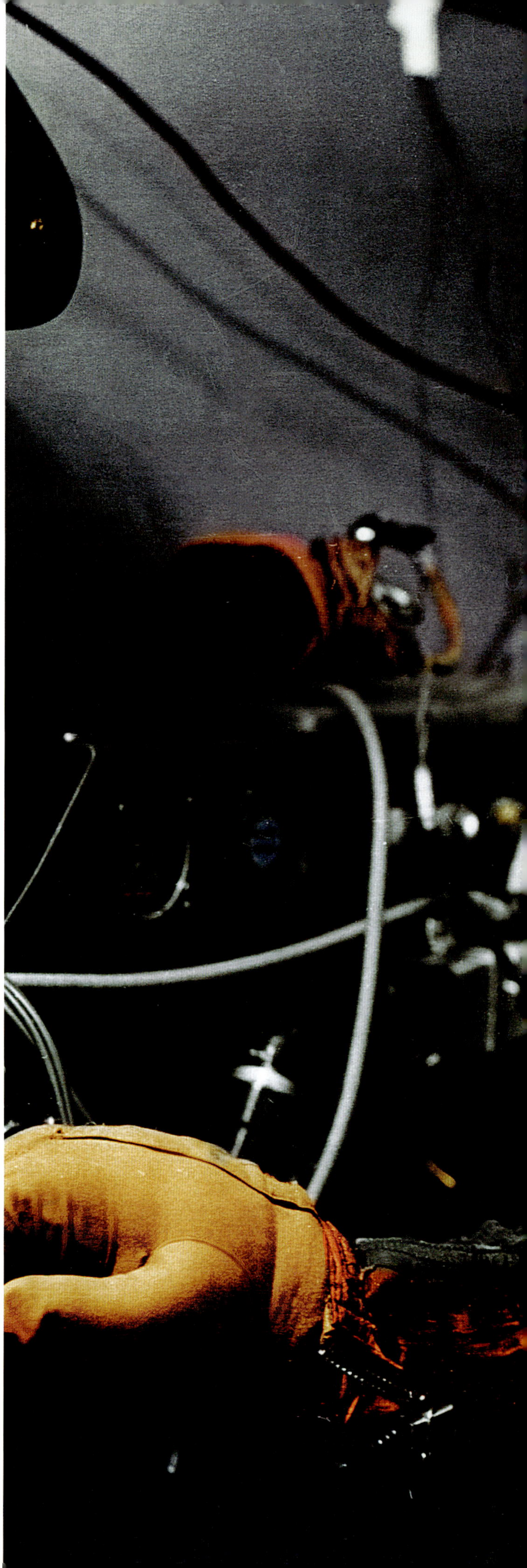

译名对照表

A
Aboriginal Australian 澳大利亚原住民
Abyssinian warriors 阿比西尼亚武士
Abyssinian desert chief 阿比西尼亚沙漠酋长
Adwa, Battle of 阿杜瓦战役
African Americans 非洲裔美国人
Albert Ⅰ, king of the Belgians 阿尔贝一世，比利时国王
Albert, Prince of Wales (future Edward Ⅶ) 阿尔伯特，威尔士亲王（未来的爱德华七世）
Alexander Ⅱ, tsar of Russia 亚历山大二世，俄国沙皇
Alfonso ⅩⅢ of Spain 阿方索十三世，西班牙国王
Algiers 阿尔及尔
American Civil War 美国内战
Anglo-Afghan War (1878-1880) 第二次英国－阿富汗战争（1878—1880）
Antarctica 南极洲
anti-Semitism 反犹主义
ANZAC troops at Gallipoli 澳新军团在加里波利
Arab-Israel War（1948-1949）第一次中东战争（1948—1949 年）
Arab Legion soldier 阿拉伯军团士兵
Armistice, First World War 第一次世界大战的停战
Armstrong, Louis 路易斯·阿姆斯特朗
atomic bomb 原子弹
Audacious, HMS “大胆”号
Australian children in Great Depression 大萧条时期的澳大利亚儿童
automobile (Panhard et Levassor)“庞阿尔与勒瓦索尔”汽车

B
Balaclava, Battle of 巴拉克拉瓦战役
Barghash bin Said, sultan of Zanzibar 巴伽什·本·赛义德，桑给巴尔苏丹
Bartholdi, Frédéric Auguste 弗雷德里克·奥古斯特·巴特勒迪
Barton, Clara 克拉拉·巴顿
Berlin airlift 柏林空运
Bernhardt, Sarah 莎拉·伯恩哈特
Bikini Atoll, US nuclear test at 比基尼环礁，美国核试验
Bismarck, Otto von 奥托·冯·俾斯麦
Blitz, the 伦敦空袭
Blitzkrieg 闪电战
Blösche, Josef (SS officer in Warsaw) 约瑟夫·布勒舍（在华沙的党卫军军官）
Blyden, Edward Wilmot 爱德华·威尔莫特·布莱登
Boer War 布尔战争
Bolshevik Revolution 布尔什维克革命
Boxer Rebellion 义和团运动
Britain, Battle of 不列颠空战
Brunel, Isambard Kingdom 伊桑巴德·金德姆·布鲁内尔
Buchenwald concentration camp 布痕瓦尔德集中营
Burke, Thomas (US sprinter) 托马斯·伯克（美国短跑运动员）

C
Cambrai, Battle of 康布雷战役
Cameron, Julia Margaret 朱莉娅·玛格丽特·卡梅伦
Canadian railroad 加拿大铁路
cantinières 随军女商贩
Carlos, Duke of Madrid 马德里公爵卡洛斯
Carter, Howard 霍华德·卡特
Cassidy, Butch 布屈·卡西迪
Castro, Fidel 菲德尔·卡斯特罗
Cetshwayo, Zulu king 塞奇瓦约，祖鲁国王
Chaco War 查科战争
Chamberlain, Neville 内维尔·张伯伦
Chinese Civil War 中国内战
Chinese Revolution (1911-1912) 辛亥革命（1911—1912 年）
Churchill, Winston 温斯顿·丘吉尔
Cixi, Chinese Empress Dowager 慈禧太后
Cold War 冷战
collective farm (kolkhoz) near Kiev 基辅附近的集体农庄
collectivization in the USSR 苏联的集体化
Collins, Michael 迈克尔·柯林斯
Communards, corpses of 巴黎公社社员的尸体
Communism 共产主义
Communist Party of Great Britain (CPGB) 英国共产党
concentration camps 集中营
Constantinople 君士坦丁堡
Coxey’s Army 考克西的大军
Crimean War 克里米亚战争
Cristero War 基督战争
Cristo Redentor, Rio de Janeiro 救世基督像，里约热内卢
Cruz, Maria Trinidad (right-wing Guatemalan fighter) 玛丽亚·特立尼达·克鲁斯（危地马拉的右翼战士）
Curie, Marie S. 玛丽·S. 居里
Custer, George Armstrong 乔治·阿姆斯特朗·卡斯特

D
D-Day 诺曼底登陆日
Damascus, Great Syrian Revolt 大马士革，叙利亚大起义
Darwin, Charles 查尔斯·达尔文
Diamond Jubilee of Queen Victoria (1897) 维多利亚女王钻禧庆典（1897 年）

Díaz, Porfirio 波费里奥・迪亚斯
Dreyfus, Alfred 阿尔弗雷德・德雷福斯
Dunkirk 敦刻尔克
Duvalier, François (“Papa Doc”) 弗朗索瓦・杜瓦利埃（“医生爸爸”）

E

Earhart, Amelia 阿梅莉亚・埃尔哈特
Eastern Front, Second World War 第二次世界大战东线
Eastern Question 东方问题
East India Company 东印度公司
Edison, Thomas 托马斯・爱迪生
Edward Ⅶ, King 爱德华七世国王
Eiffel Tower 埃菲尔铁塔
Einstein, Albert 阿尔伯特・爱因斯坦
Elizabeth Ⅱ, Queen 伊丽莎白二世女王
Ellis Island 埃利斯岛
Enver Pasha 恩维尔帕夏
European Coal and Steel Community (ECSC) 欧洲煤钢共同体
European Economic Community (EEC) 欧洲经济共同体
European monarchs at Edward Ⅶ's funeral 爱德华七世葬礼上的欧洲君主
Exposition Universelle, Paris (1889) 巴黎世界博览会

F

Faisal Ⅰ, king of Iraq 费萨尔一世，伊拉克国王
Fascism 法西斯主义
Fenton, Roger 罗杰・芬顿
Ferdinand Ⅰ of Bulgaria 斐迪南一世，保加利亚沙皇
Filipino prisoners (in Philippine-American War) 菲律宾俘虏（美国－菲律宾战争期间）
First Vatican Council 第一次梵蒂冈会议
First World War 第一次世界大战
Flanders, trench 佛兰德战壕
“flappers” (1920s) 摩登女郎（20 世纪 20 年代）
France, German invasion of (1940) 德国入侵法国（1940 年）
Franco, General Francisco 弗朗西斯科・佛朗哥将军
Franco-Prussian War 普法战争
Franz Ferdinand, Archduke 弗朗茨・斐迪南大公
Frederick Ⅷ of Denmark 弗雷德里克八世，丹麦国王
Free French foreign legion 自由法国的外籍军团
“Freeze, the Big” (1880s) 大寒冬（19 世纪 80 年代）

G

Gallipoli 加里波利
Gandhi, Mohandas 莫罕达斯・甘地
Garibaldi, Giuseppe 朱塞佩・加里波第
George Ⅰ of the Hellenes 乔治一世，希腊国王
George Ⅴ, King 乔治五世国王
Geraldine of Albania, Queen 杰拉尔丁，阿尔巴尼亚王后
German troops on the Maginot Line (1940) 德军在马奇诺防线（1940 年）
Gettysburg, Battle of 葛底斯堡战役
gibbous moon (1880) 凸月（1880 年）
Gojong, king of Korea 朝鲜高宗
Gold Rush, Klondike 克朗代克淘金热
Great Depression (1930s) 大萧条（20 世纪 30 年代）
Great Eastern, SS “大东方”号
Great Exhibition (1851) 万国工业博览会（1851 年）
Great Famine (1920s Russia) 20 世纪 20 年代俄国大饥荒
Guadalcanal (Solomon Islands), US troops on 美军在瓜达尔卡纳尔岛（所罗门群岛）
Guatemalan coup d'état (1954) 危地马拉政变（1954 年）
Guevara, Ernesto “Che” 埃内斯托・切・格瓦拉

H

Haakon Ⅶ, king of Norway 哈康七世，挪威国王
Harlem Hellfighters (African American troops) 哈莱姆地狱战士（非洲裔美国人部队）
Hawaii, last queen of 末代夏威夷女王
Herero women, South West Africa 赫雷罗女人，西南非洲
Hindenburg disaster “兴登堡”号空难
“Hippomania” at London Zoo 伦敦动物园的“河马热”
Hiroshima 广岛
Hitler, Adolf 阿道夫・希特勒
Ho Chi Minh 胡志明
Holocaust, the 犹太人大屠杀
Holodomor (famine in Ukraine) 乌克兰大饥荒
Home Insurance Building, Chicago 家庭保险大楼，芝加哥
Hungarian Revolution 匈牙利革命
hydrogen bomb 氢弹
hyperinflation (1920s Germany) 超级通货膨胀（20 世纪 20 年代德国）

I

Ibn Saud, Abdulaziz, king of Saudi Arabia 阿卜杜勒－阿齐兹・伊本・沙特，沙特阿拉伯国王
Indian army in First World War 第一次世界大战中的印度军队
Indian independence 印度独立
Indian Mutiny 印度兵变

International Red Cross 国际红十字会
Irish Civil War 爱尔兰内战
Italo-Ethiopian War (1895) 意大利－埃塞俄比亚战争（1895 年）

J

Japanese sailors aboard the Hiei (1894) 日本水兵在“比叡”号上（1894 年）
Javanese dancers at the Exposition Universelle 爪哇舞者在世界博览会上
jazz music 爵士乐
Jews, persecution of 迫害犹太人
Johnstown Flood, Pennsylvania 约翰斯敦（宾夕法尼亚州）洪灾

K

Kalulu (companion of H.M. Stanley) 卡露露（H. M. 斯坦利的伙伴）
kamikaze pilot 神风特攻队飞行员
Kapital, Das《资本论》
Kennedy, Jacqueline 杰奎琳・肯尼迪
Kennedy, John F. 约翰・F. 肯尼迪
Kenya, British concentration camp 肯尼亚的英国集中营
Kenyatta, Jomo 乔莫・肯雅塔
Khrushchev, Nikita 尼基塔・赫鲁晓夫
Kitchener, Lord Horatio Herbert 霍拉肖・赫伯特・基钦纳勋爵
Korean War 朝鲜战争
Krakatoa, eruption of (1883) 喀拉喀托火山喷发（1883 年）
Kristallnacht 水晶之夜
Kronstadt rebellion 喀琅施塔得事件
Ku Klux Klan 三 K 党

L

Lange, Dorothea 多萝西・兰格
League of Nations 国际联盟
Lee, G. W. C. “Custis” G. W. C. “卡斯蒂斯”・李
Lee, General Robert E 罗伯特・E. 李
Lenin, Vladimir Ilyich 弗拉基米尔・伊里奇・列宁
Leopold Ⅱ, king of the Belgians 比利时国王利奥波德二世
Libya, Italian invasion of 意大利入侵利比亚
Light Brigade, Charge of the (aftermath) 轻骑兵冲锋事件
Lili‘uokalani, queen of Hawaii 利留卡拉尼，夏威夷女王
Lincoln, Abraham 亚伯拉罕・林肯
Livingstone, Dr David 戴维・利文斯通医生
Lloyd, Harold (in *Safety Last!*) 哈罗德・劳埃德（《安全至下！》）
Long Depression (1870s-1890s) “长期萧条”（19 世纪 70 年代至 90 年代）
Longworth Dames, Captain Thomas 托马斯・朗沃思・德姆斯上尉
Lucknow mosque, India 勒克瑙清真寺，印度
Lumière, Auguste and Louis 奥古斯特和路易・卢米埃

M

McKinley, President William 威廉・麦金莱总统
Maginot Line, France 马奇诺防线，法国
Maine, USS, wreck of the “缅因”号被炸毁
Manchuria 满洲
Mandela, Nelson 纳尔逊・曼德拉
Manuel Ⅱ of Portugal 葡萄牙国王曼努埃尔二世
Mao Zedong 毛泽东
Mark Ⅳ British tank 英国马克Ⅳ型坦克
Marx, Karl 卡尔・马克思
Marxism 马克思主义
Mata Hari 玛塔・哈里
Mau Mau uprising 茅茅起义
Mayer, René (French politician) 勒内・迈尔（法国政治家）
Meiji restoration 明治维新
Mein Kampf (Hitler)《我的奋斗》(希特勒）
Menelik Ⅱ of Abyssinia 孟尼利克二世，阿比西尼亚皇帝
Messines, Battle of (1914) 梅森战役（1914 年）
Mexican Revolution 墨西哥革命
Min, Queen of Korea 朝鲜的明成皇后
Monroe, Marilyn 玛丽莲・梦露
Montparnasse rail crash 蒙帕纳斯车站的火车出轨事故
Morse, Ralph 拉尔夫・摩斯
Munich conference 慕尼黑会议
Munich putsch 啤酒馆政变
Mussolini, Benito 贝尼托・墨索里尼
Mycenae, Greece 迈锡尼，希腊

N

Naidu, Sarojini (Indian activist) 沙拉金尼・奈都（印度政治活动家）
Napoleon Ⅲ, emperor of France 拿破仑三世，法国皇帝
Native American tribes 美洲土著部落
Nazi Party (NSDAP) 纳粹党
New Deal 新政
Nicholas Ⅰ, tsar of Russia 尼古拉一世，俄国沙皇
Nicholas Ⅱ, tsar of Russia 尼古拉二世，俄国沙皇
Norfolk Broads (in the freezing 1880s) 诺福克湿地（在寒冷的 19 世纪 80 年代）
North Atlantic Treaty Organization (NATO) 北大西洋公约组织（北约）

North Sea Flood, Netherlands (1953) 北海洪灾，荷兰（1953 年）

O

Obaysch (hippopotamus at London Zoo) 欧贝施（伦敦动物园的河马）
Olympic Games (1896) 奥运会（1896 年）
On the Origin of Species (Darwin)《物种起源》(达尔文）
Opium War, Second 第二次鸦片战争
Ottoman Empire 奥斯曼帝国
Owens, Florence 弗洛伦斯・欧文斯

P

Pakistan, independence of 巴基斯坦独立
Panama Canal 巴拿马运河
Pankhurst, Emmeline 艾米琳・潘克斯特
Parfett, Ned (newsboy) 奈德・帕菲特（卖报男孩）
Paris Commune 巴黎公社
Pasha, Enver 恩维尔帕夏
Pearl Harbor 珍珠港
Petropavlovsk (Russian battleship at Kronstadt) "彼得罗巴甫洛夫斯克"号（在喀琅施塔得的俄国战列舰）
Philippine-American War (1899-1902) 菲律宾－美国战争（1899—1902 年）
Pius Ⅸ, Pope, corpse of 庇护九世，教皇
P'ohang-dong, Battle of (Korean War) 浦项战役
Potsdam Conference (1945) 波茨坦会议（1945 年）
Pottawatomie tribesmen of the Great Plains 北美大平原的波塔瓦托米部落
Powell, Lewis 刘易斯・鲍威尔
Presley, Elvis 埃尔维斯・普雷斯利
Prinsep, May 梅・普林塞普
Prohibition 禁酒令
Puyi (last Chinese emperor) 溥仪（清朝末代皇帝）

Q

Qing dynasty 清朝

R

Rasputin, Grigori 格里高利・拉斯普京
Reconstruction (USA) 重建（美国）
Red Army 红军
"Red Flag, the" (socialist anthem) 社会主义颂歌《红旗》
Rejlander, Oscar Gustave 奥斯卡・古斯塔夫・雷兰德
Richthofen, Manfred von（'The Red Baron'）曼弗雷德・冯・里希特霍芬（红男爵）
Riefenstahl, Leni 莱尼・里芬斯塔尔
Rite of Spring, The (Stravinsky)《春之祭》(伊戈尔・斯特拉文斯基）
Robertson, James 詹姆斯・罗伯逊
Rockefeller, John D. 约翰・D. 洛克菲勒
Rolfe, Chief Inspector Francis Harry 警察总督察，弗朗西斯・哈里・罗尔夫
Romanov dynasty 罗曼诺夫皇朝
Rome, Ponte Salario 萨拉里奥桥，罗马
Roosevelt, Franklin Delano 富兰克林・德拉诺・罗斯福
Roosevelt, Theodore 西奥多・罗斯福
Royal Navy (British) 英国皇家海军
Rudolf, crown prince of Austria 鲁道夫，奥地利皇储
Russell, William Howard 威廉・霍华德・罗素
Russian Civil War (1917) 俄国内战（1917 年）
Russian serfs, emancipation of 俄国解放农奴
Russo-Japanese War 日俄战争
Russo-Turkish War 俄土战争

S

Salt March, India 食盐进军，印度
samurai warriors 日本武士
San Francisco earthquake (1906) 旧金山地震（1906 年）
Saud, House of 沙特王朝
Scott, Robert Falcon 罗伯特・法尔肯・斯科特
Second World War 第二次世界大战
serf, Russian 俄国农奴
Sikh cavalrymen (India, 1850s) 锡克骑兵（印度，19 世纪 50 年代）
Sikh family (during Indian partition) 锡克家庭（印巴分治期间）
Sitting Bull 坐牛
skyscraper, first 第一座摩天大楼
slave auction house, Atlanta 亚特兰大的奴隶拍卖房
slavery in the USA 美国的奴隶制
Somme, Battle of the 索姆河战役
Soviet cosmonaut 苏联宇航员
Soviet infantryman (1940) 苏联步兵（1940 年）
space race 太空竞赛
Spanish-American War 美西战争
Spanish Civil War 西班牙内战
Spanish flu 西班牙大流感
SS (Schutzstaffel) 党卫军
Stalin, Joseph 约瑟夫・斯大林
Stalingrad, Battle of 斯大林格勒战役
Stanley, Henry Morton 亨利・莫顿・斯坦利

Statue of Liberty 自由女神像
Sturmabteilung (SA) 冲锋队
Suez Canal 苏伊士运河
Suez Crisis 苏伊士运河危机
Syrian Revolt (1920s) 叙利亚大起义（20 世纪 20 年代）

T

Taku forts, Beijing 大沽口炮台
tank (Mark Ⅳ, British) deployed at Cambrai 在康布雷被摧毁的英国马克Ⅳ型坦克
Taylor, Thomas Griffith 托马斯・格里菲斯・泰勒
Terra Nova expedition "新地" 号探险
Tingri, Tibet, military governor of 西藏定日的军事总管
Titanic, RMS "泰坦尼克" 号
Tolstoy, Count Leo 列夫・托尔斯泰伯爵
Trans-Siberian Railway 西伯利亚铁路
Truman, Harry S. 哈里・S. 杜鲁门
Tucker, Captain 塔克上尉
Turkish Imperial Guard (1870s) 土耳其帝国近卫军（19 世纪 70 年代）
Tutankhamun, tomb 图坦卡蒙之墓
Twain, Mark 马克・吐温

U

United Nations 联合国

V

Versailles, Treaty of《凡尔赛和约》
Victoria, Queen 维多利亚女王
Villa, General Francisco "Pancho" 弗朗西斯科・"潘乔"・比利亚将军
VJ Day celebrations 对日作战胜利日

W

Wall Street Crash 华尔街股灾
Warsaw Ghetto uprising 华沙犹太人隔离区起义
Western Front 西线
Whitehall, HMS "白厅" 号
Wiesel, Elie 埃利・维瑟尔
Wilhelm Ⅱ, Kaiser 威廉二世，德国皇帝
Wilson, Woodrow 伍德罗・威尔逊
Witte, Count Sergei 谢尔盖・维特伯爵
women munitions workers on Tyneside (First World War) 泰恩赛德兵工厂的女工（第一次世界大战）
women of the "Roaring Twenties" "咆哮的二十年代" 的女性
Wright, Orville and Wilbur 奥维尔和威尔伯・莱特兄弟

Y

Yekaterinburg, killing of Russian royal family at 俄国沙皇一家在叶卡捷琳堡被杀
Young Turks 青年土耳其党

Z

Zanzibar, sultan of 桑给巴尔的苏丹
"Zimmerman telegram" 齐默尔曼电报
"Zinoviev letter" 季诺维也夫信件
Zog Ⅰ, king of Albania 索古一世，阿尔巴尼亚国王

图书在版编目（CIP）数据

时间的色彩：一部鲜活的世界史，1850—1960 /（英）丹·琼斯（Dan Jones），（巴西）玛丽娜·阿马拉尔（Marina Amaral）著；陆大鹏，刘晓晖译. -- 北京：社会科学文献出版社，2021.4（2023.7 重印）

书名原文：The Colour of Time: A New History of the World 1850 - 1960

ISBN 978-7-5201-7181-6

I. ①时… II. ①丹… ②玛… ③陆… ④刘… III. ①世界史 - 1850 - 1960 IV. ① K141

中国版本图书馆 CIP 数据核字（2021）第 033501 号

时间的色彩
——一部鲜活的世界史，1850—1960

著　　者 / ［英］丹·琼斯（Dan Jones）［巴西］玛丽娜·阿马拉尔（Marina Amaral）
译　　者 / 陆大鹏　刘晓晖

出 版 人 / 王利民
组稿编辑 / 董风云
责任编辑 / 张金勇　张雨宁

出　　版 / 社会科学文献出版社·甲骨文工作室（分社）（010）59366527
地址：北京市北三环中路甲29号院华龙大厦　邮编：100029
网址：www.ssap.com.cn
发　　行 / 社会科学文献出版社（010）59367028
印　　装 / 北京盛通印刷股份有限公司

规　　格 / 开　本：787mm × 1092mm　1/16
印　张：27　字　数：298千字
版　　次 / 2021年4月第1版　2023年7月第2次印刷
书　　号 / ISBN 978-7-5201-7181-6
著作权合同登记号 / 图字01-2019-3635号
定　　价 / 268.00元

读者服务电话：4008918866